Mark Coleman

SCHLIESSE FRIEDEN MIT DIR SELBST

Mark Coleman

SCHLIESSE FRIEDEN MIT DIR SELBST

Wie wir uns mit Achtsamkeit und Mitgefühl
vom inneren Kritiker befreien können

Aus dem amerikanischen Englisch von Karin Hein

arbor

Arbor Verlag
Freiburg im Breisgau

First published in the United States of America by New World Library.
Translation rights arranged through Agence Schweiger.

Die Originalausgabe erschien unter dem Titel:
Make Peace with Your Mind. How Mindfulness and Compassion can free you from your Inner Critic.

1. Auflage 2018

Lektorat: Anne Nordmann
Druck und Bindung: Kösel, Krugzell

Hergestellt von mediengenossen.de

Dieses Buch wurde auf 100% Altpapier gedruckt und ist alterungsbeständig.
Weitere Informationen über unser Umweltengagement finden Sie unter
www.arbor-verlag.de/umwelt

www.arbor-verlag.de

ISBN 978-3-86781-199-6

INHALT

TEIL 2
DIE SELBSTVERURTEILUNG VERSTEHEN

TEIL 3
DEM KRITIKER MIT ACHTSAMKEIT BEGEGNEN

TEIL 4
DIE KRAFT DER LIEBE

VORWORT

Wenn wir unsere Wunden heilen und der Welt mit einem offenen Herzen begegnen wollen, müssen wir den Krieg in uns selbst beenden. Womöglich ist das die größte Herausforderung unseres Lebens – die Waffen niederzulegen und zu lernen, unser eigenes Sein zu lieben. Die innere Stimme der Kritik kann unbarmherzig und schmerzlich überzeugend klingen.

Mark Colemans neues Buch *Schließe Frieden mit Dir selbst* bietet einen aufschlussreichen Blick auf dieses allgegenwärtige und toxische Phänomen, dass wir uns selbst klein machen. Und es zeigt einen Weg zur Gesundung und Freiheit auf. Als weiser und engagierter Therapeut und Meditationslehrer kennt Mark die Vielschichtigkeit der Selbstkritik bis ins Innerste, weiß, wie der Glaube, dass etwas an uns verkehrt sei, uns daran hindern kann, die Nähe, Kreativität und Lebendigkeit, die wir suchen, zu verwirklichen.

Mark Coleman bedient sich eines dynamischen Geflechts aus Achtsamkeit, Selbstmitgefühl und wirkungsvollen therapeutischen Strategien, die tausenden von Menschen halfen, zu echter Selbstliebe und ihrem intrinsischen Gutsein zu finden. Die Weisheit von Jahrzehnten fachkundiger Arbeit steckt in diesem Buch – und weist einen Weg, der die Beziehung zu unserem inneren Wesenskern radikal transformieren wird.

Mit diesem klar und eingängig geschriebenen Buch halten Sie einen Begleiter und Unterstützer auf dem Weg heraus aus dem Gefängnis der Minderwertigkeitsgefühle und mangelnder Selbstachtung in den Händen. Bitte machen Sie sich das Geschenk des ersten Schrittes, vertiefen Sie Ihre Liebe zu dem Leben, das jetzt und hier zu finden ist. Wenn Sie sich auf die Unterweisungen und Meditationsübungen einlassen, werden Sie zu einem so offenen und weiten Herzen finden, dass Sie alles Leben überall umarmen.

Mit Liebe und Segen,

TARA BRACH

EINFÜHRUNG

WIE ICH DEN INNEREN KRITIKER ENTDECKTE UND EINEN AUSWEG FAND

Ich arbeite frühmorgens, bevor mein garstiger Zensor aufsteht – er erhebt sich gegen Mittag. Bis dahin habe ich einen Großteil meiner Tagesarbeit geschafft.
VIRGINIA WOOLF

Als junger Mann um die Zwanzig hatte ich eine Menge Wut in mir. Ich war Punkrocker, Anarchist und ständig auf der Suche nach Zielscheiben für meinen Zorn. Der Punkrock und die Anti-Establishment-Bewegung im politischen Untergrund in London waren die idealen Ventile für meinen Zorn. Dieser richtete sich vor allem gegen die Regierung, gegen die großen Konzerne und gegen die Ungerechtigkeit. Leichte Ziele, könnten Sie sagen.

Was mir nicht klar war, war, dass ich unbewusst selbst zur Zielscheibe meines Hasses wurde. Mein Kopf war voller Selbstgeißelungen, ich hielt mich nie für gut genug, für tüchtig genug. Die Melodie der Unzulänglichkeit war das Mantra, das sich unentwegt in meinem Kopf abspielte. Jede Entscheidung, alles, was ich tat, war aus der Sicht meines inneren Kritikers entweder verkehrt, dumm oder vergeblich.

Vieles von dem, was man mir beigebracht hatte anzustreben oder zu wollen, lehnte ich ab – akademischen Erfolg, Status, Wohlstand, sogar die Entspannungsdrogen, mit deren Hilfe meine Freunde sich berauschten. Aber ich suchte trotzdem. Allerdings gestaltet sich eine Suche immer schwierig, wenn man nicht genau weiß, wonach man sucht. Manchmal aber erinnert uns das Leben daran, dass die Antwort näherliegt, als wir glauben. Das geschah, als ich der Achtsamkeitsmeditation begegnete; ich traf sie buchstäblich um die Ecke des Hauses, das ich illegal besetzt hatte. Dort sollte ich die Antworten finden, nach denen sich meine Seele sehnte.

Meine innere Reise begann, als ich in etwas hineinstolperte, was seinerzeit – 1984 – noch ziemlich selten war: ein Meditationszentrum. Mitten im heruntergekommenen Londoner East End. In dem Moment, in dem ich das Zentrum betrat, spürte ich, dass die Menschen dort etwas Besonderes an sich hatten. In ihren Augen und in der Art, wie sie sich bewegten und redeten, war so eine Klarheit, eine Gelassenheit und Zielstrebigkeit. Es waren Qualitäten, die die meisten Menschen meiner Umgebung vermissen ließen. Ich hätte nicht sagen können, was genau es war, aber ich wusste unmittelbar, dass ich es dringend wollte und brauchte.

Dies war der Ort, wo ich meinem ersten „Werkzeugkoffer" in die Hand bekam. Und damit meine ich keine gewöhnlichen Werkzeuge, sondern eine Reihe von Fähigkeiten, die ganz anders waren als alles, was ich kannte. Es war ein Werkzeugkoffer für den Verstand.

Bis zu diesem Moment hatte ich nie darüber nachgedacht, meine Aufmerksamkeit nach innen zu richten. Mir wäre nie eingefallen, in mich hineinzuschauen, um herauszufinden, warum ich unglücklich war, und was mich mental so quälte. Ich war zu beschäftigt damit, nach außen zu schauen, nach jemandem oder etwas, dem ich die Schuld geben konnte. Doch nun sollte ich diese Wendung nach innen kultivieren.

Achtsamkeitsmeditation führt, wie ich herausfand, zu einer Bewusstheit und fokussierten Klarheit, mit der wir erkennen, was im Körper und im Geist geschieht. Sie befähigt uns, all die Gedanken und Stimmen in unserem Kopf zu verstehen und mit ihnen umzugehen. Sie hilft zu erkennen, wo die wirklichen Wurzeln unseres Leidens liegen und wie die Probleme, die es verursacht, zu lösen sind. Was ich entdeckte, war befreiend – wirksamer als jede Pille, Philosophie oder andere vermeintliche Wundermittel. Und es funktionierte viel besser als alle Auflehnung gegen die Gesellschaft.

Also was war in jenem Koffer und warum war es so hilfreich? Zu Beginn lernte ich, dass wir zwei wesentliche Fähigkeiten brauchen, um durch die inneren und äußeren Stürme des Lebens zu navigieren: Bewusstheit und Mitgefühl. Sie sind wie die zwei Flügel eines Vogels, ohne die er unmöglich fliegen kann.

Bewusstheit und Gewahrsein entstehen durch das Praktizieren von Achtsamkeit, wobei die Aufmerksamkeit und das Einsichtsvermögen trainiert werden. Mitgefühl bewirkt, dass wir uns selbst und dem Leben insgesamt mit Freundlichkeit, Güte und Anteilnahme begegnen. Nachdem ich zwanzig Jahre lang mit Menschen überall in der Welt gearbeitet habe, sehe ich, wie wichtig warmherziges Mitgefühl ist. Es gibt so viel Schmerz und Leid in der Welt. Und es macht traurig, Menschen zu sehen, die das Elend noch vergrößern, indem sie sich selbst unnötig quälen. Es ist die Liebe in unseren Herzen, die uns verwundbar genug macht, um zu erkennen, welche Bürde wir tragen. Die Liebe gibt uns eine leise Kraft, die es ermöglicht, den Kritiker in Schach zu halten, unseren Schmerz sanft zu ertragen und uns auf die Reise zur Heilung zu begeben.

Als ich mir diese Flügel zugelegt hatte, hieß das noch lange nicht, dass ich auch gleich fliegen konnte. Wie alles im Leben vollzieht sich wirkliche Veränderung nach und nach. Aber diese beiden Qualitäten lehrten mich allmählich, wie ich den Fokus der Aufmerksamkeit nach innen, auf meinen eigenen Geist und mein Herz richten konnte, freundlich und mit Klarheit – und das ist nicht so leicht, wie es klingt. Wie die Schriftstellerin Anne Lamott[1] einmal schrieb, „Meine Gedankenwelt bleibt eine üble Nachbarschaft, in die ich mich möglichst nicht allein begebe."

Was entdeckte ich, als ich begann, nach innen zu schauen? Ich sah, dass ich mich dauernd selbst irgendwie bestrafte. Ich erkannte, wie grausam und erbarmungslos ich mit den eigenen Schwächen und Unsicherheiten umging. Ich sah, wie ich alles, was ich sagte und tat, be- und verurteilte. Und jedes Mal, wenn ich etwas Neues ausprobierte, spürte ich gleich zu Beginn die unlogische Erwartung, dass ich perfekt darin sein müsse. Anstatt ein Vermasseln und In-die-Irre-Gehen als wesentlich für den Lernprozess zu akzeptieren, schalt und maßregelte ich mich innerlich in einer Tour. All das brachte mich zu der Erkenntnis, dass mein innerer Zensor und Kritiker mein Leben ins Elend manövrierte. Wenn ich weiter auf ihn hörte, würde ich mich auch weiterhin hoffnungslos, wütend, unwürdig und depressiv fühlen.

Und dann, als ich die Werkzeuge der Achtsamkeit und des Mitgefühls in die Hand nahm, begann der langsame Prozess, die kritischen inneren Stimmen auszudünnen und damit auch die unmöglich hohen Ansprüche und Maßstäbe, die sie mir einflüsterten. Es begann damit, dass ich mich nicht mehr so stark von den Attacken des inneren Kritikers beeinflussen ließ. Ich sah nicht nur das Licht am Ende des Tunnels, sondern, viel wichtiger, das Licht war direkt vor mir, es leuchtete aus der Strahlkraft meiner eigenen Bewusstheit. Bewusstheit und Gewahrsein waren die Scheinwerfer auf meinem Weg der Entdeckung und der Schlüssel, um das in mir lodernde Feuer einzudämmen.

Auch Sie können sich von Ihrem inneren Kritiker befreien. Die in diesem Buch beschriebenen Werkzeuge und Techniken zeigen Ihnen wie.

Wie Sie an dieses Buch herangehen können

Sie können das Buch wie eine Landkarte verwenden, wie einen Wegweiser durch den Dschungel und das Dickicht Ihrer Innenwelt, wo der innere Kritiker haust. Sie werden entdecken, was besagter Kritiker ist, wie er in Erscheinung tritt, woher er kommt, und was ihn stärkt und schwächt. Es ist ein praktisches Handbuch darüber, wie Sie gekonnt und wirksam mit dem Kritiker arbeiten können, damit er nicht länger so viel Leid verursacht.

Das Buch ist in fünf Abschnitte unterteilt. Auch wenn Sie gern die Rosinen herauspicken, gleich zu den Kapiteln springen, die Sie am meisten ansprechen, ist es ratsam und wahrscheinlich nutzbringender, wenn Sie es der Reihe von vorn nach hinten durchlesen.

Teil I: Der Kritiker: Das Gesamtbild

Teil I erforscht das Wesen und die Vorherrschaft des inneren Kritikers und wie er uns den Frieden raubt. In diesem Teil werden auch der Ursprung des Kritikers, seine Aufgabe und seine Perspektive erklärt.

Die Neurowissenschaft bringt uns die gute Nachricht, dass unser Gehirn und unsere negativen Denkgewohnheiten veränderbar sind, und zwar abhängig davon, worauf wir unsere Aufmerksamkeit richten. Dieses Prinzip wird Neuroplastizität genannt. Die Möglichkeiten zur Veränderung durch die Neuroplastizität sind die Grundlage dieses Buches. Im ersten Kapitel werden Sie sehen, wie sogar ein lang gehegtes Verhalten der Selbstverurteilung transformiert werden kann, indem Sie verändern, worauf Sie den Fokus richten.

In Kapitel 2 geht es um die Vorherrschaft des urteilenden Denkens bei Erwachsenen, Kindern und der Gesellschaft im Allgemeinen, und es zeigt, dass wir im Kampfe mit dem inneren Kritiker nicht allein sind. Dieser strenge Richter kann ein Quälgeist, Vorgesetzter, Spielverderber und Tyrann sein. Wie in dem Kapitel gezeigt wird, kann der Kritiker zur Ursache für Depressionen und für ein chronisch niedriges Selbstwertgefühl werden, wenn er sich selbst überlassen bleibt.

Zahllose Menschen, selbst erfolgreiche Firmenchefs und Eliteprofessoren, leiden am „Hochstapler-Syndrom" – dem Gefühl, ein Betrüger zu sein. Kapitel 3 beschreibt dieses weit verbreitete Phänomen sowie die Ängste, die damit einhergehen. Es zeigt, wie der Kritiker dem Empfinden, wir würden nur vortäuschen, etwas zu sein oder zu können, Nahrung gibt, und erklärt, was wir daran ändern können.

Wenn Sie merken, wie sehr Ihnen der innere Kritiker den Frieden und die Selbstachtung raubt, werden Sie weniger geneigt sein, ihm Ihre

Aufmerksamkeit zu schenken. Kapitel 4 zeigt, wie der Kritiker unsere Lebensfreude im Keim ersticken kann, und es enthält Fallstudien, die zeigen, was geschieht, wenn wir ihn die Führung übernehmen lassen.

Die Evolutionsbiologie erinnert uns daran, dass viele unserer Denkprozesse fest eingeschliffen sind, vererbt durch unsere Familie und unseren Kulturkreis. Kapitel 5 erforscht, wie nutzbringend es sein kann, wenn wir uns nicht dafür verurteilen, wie wir geworden sind, und es zeigt, wie wir leichter voranschreiten können, wenn wir verstehen, dass vieles außerhalb unserer Kontrolle liegt.

Wenn der Kritiker so schmerzhaft und scheinbar dysfunktional ist, warum haben wir einen, und welchem Zweck dient er? Diese Fragen beantwortet Kapitel 6. Es erklärt, woher der Kritiker stammt, welche Rolle er in der kindlichen Entwicklung spielt, und warum er unsere Gastfreundschaft zu lange strapaziert.

Kapitel 7 hat das Ziel, Ihnen die Emotionen und den Schmerz verständlich zu machen, die den Attacken des inneren Kritikers zugrunde liegen. Sie werden sehen, wie man erkennt, was der Kritiker mitzuteilen versucht, und warum alles, was wir tun, ihn so beunruhigt.

Oft höre ich Fragen wie: „Wenn ich mich von meinem inneren Zensor verabschiede, wie werde ich dann meine Arbeit bewältigen? Wie werde ich morgens aus dem Bett kommen? Was wird mich motivieren, die Geschirrberge in der Spüle abzuwaschen oder meine Steuererklärung zu machen?" Kapitel 8 nennt einige der Gründe, warum wir unserem inneren Kritiker so treu ergeben sind und zeigt, dass wir ihm fälschlicherweise Qualitäten wie unser Urteilsvermögen oder unser Gewissen zuschreiben.

Teil II: Die Selbstverurteilung verstehen

Teil II wirft einen Blick auf das, was der Kritiker tut – was er sagt, wie er es sagt, und wieso er genau weiß, was er zu tun hat, um unsere Aufmerksamkeit zu bekommen und jedes Gefühl von Zufriedenheit zu sabotieren.

Kapitel 9 enthüllt die unheilvollen Konsequenzen dessen, was der Kritiker anrichtet, und erklärt, wie wir mit Selbstverurteilungen unsere Selbstachtung untergraben und sogar unsere Würde als Mensch in Frage stellen.

Die Art und Weise, wie der Kritiker in der Regel vorgeht, besteht darin, uns einzureden, wir seien „nicht genug“: nicht intelligent genug, nicht hübsch genug, nicht reich, gesund oder sozial genug. Kapitel 10 erforscht speziell diese Form der Selbstverurteilung und ihre Auswirkungen auf unser Wohlbefinden.

Im Nachhinein ist es leicht, sich Vorwürfe zu machen, wenn Situationen nicht so liefen wie geplant. Kapitel 11 nimmt diesen Urteilsprozess auseinander und zeigt, dass er zu Bedauern und Unentschlossenheit führt und wie unnötig und vergeblich er eigentlich ist.

Der Kritiker hat viele Stimmen und kommt in vielerlei Gestalt daher. Manchmal gibt er als sich Trainer oder Freund; zu anderen Zeiten als Tyrann, Perfektionist oder Einschmeichler. Diese vielfältigen Erscheinungsformen sind so etwas wie eine „innere Aufsichtsratssitzung“, ein Gremium, das ständig tagt, um alles, was wir tun, zu diskutieren und darüber zu richten. Kapitel 12 hilft Ihnen, die Mitglieder Ihres inneren „Aufsichtsrates“ zu identifizieren.

Ist Ihnen schon einmal aufgefallen, wie hart kritische Menschen oft auch sich selbst gegenüber sind? In Kapitel 13 wird dieses Phänomen untersucht und aufgezeigt, wie die Angewohnheit, andere zu kritisieren und die Angewohnheit, sich selbst zu kritisieren, sich gegenseitig verstärken.

Die harten Worte des Kritikers beeinflussen uns emotional und physisch, und wirken sich negativ auf unser Energieniveau und unsere mentale Klarheit aus. Kapitel 14 handelt davon, auf welche Weisen der urteilende Verstand uns beeinträchtigen kann.

Kapitel 15 beschreibt, auf welche Weise sich der innere Kritiker auf unsere Beziehungen auswirkt. Sie werden erfahren, wie das Urteilen über andere, besonders über diejenigen, die uns nahestehen, gesunde und glückliche Beziehungen ernsthaft schädigen kann.

Teil III: Wie wir dem Kritiker mit Achtsamkeit begegnen

In Teil III können Sie die für die Arbeit mit dem Kritiker wesentlichen Fähigkeiten erwerben. Dieser Teil wird Ihnen eine Vielzahl von Methoden vorstellen, die den inneren Raum schaffen, um mit Selbstkritik umzugehen.

Kapitel 16 taucht in die lebensumwandelnde Praxis der Achtsamkeit ein – was sie ist, was sie bewirkt, und wie sie den Muskel der Selbstbeobachtung stärkt, der uns erlaubt, unsere Beziehung zu den Urteilen des Kritikers zu transformieren.

Wenn Sie erkennen, dass Urteile einfach nur Gedanken sind, werden Sie trotz deren Überzeugungskraft sehen, dass Sie die Macht haben, sie zu steuern, sodass Sie nicht unter ihren leiden müssen. In Kapitel 17 werden Sie verstehen, wie Sie das Licht dieses Bewusstseins in Ihr Denken bringen.

Unser Verstand ist wie beidseitiges Klebeband, an dem jedes Urteil schnell und fest haften bleibt. Kapitel 18 erklärt, wie wir uns in Nichtidentifikation üben, um unseren Verstand eher zu Teflon werden zu lassen, so dass die Urteile daran abrutschen.

Kapitel 19 diskutiert die Einsichten, die wir erlangen, wenn wir verstehen, wer und was der Richter in uns ist, woher er stammt, und welchen Aufgaben er dient. Mit diesem Verständnis können Sie sich leichter von ihm und seinem Einfluss lösen.

Kapitel 20 betrachtet die Rolle des Humors im Umgang mit dem Kritiker. Je mehr Leichtigkeit Sie in Ihr Verhältnis zu ihm bringen, umso einfacher ist er zu handhaben, und umso mehr Lebensfreude werden Sie empfinden.

Oft ist unsere Sicht (und die unseres Kritikers) auf die Welt und uns selbst verzerrt. Indem wir diese Sicht hinterfragen, können wir die Herrschaft des Kritikers über uns schwächen. In Kapitel 21 werden Sie lernen, wie wir die Perspektiven und Grundannahmen unseres urteilenden Verstandes in Frage stellen.

Kapitel 22 konzentriert sich auf das, was geschieht, wenn Sie die hier vorgestellten Strategien erfolgreich umgesetzt haben und sich nicht mehr um die Urteile kümmern, die der Kritiker Ihnen an den Kopf schleudert. Wenn Sie sich den neuen Denkmodus zu eigen machen, spielt es keine Rolle mehr, ob der Kritiker gerade aktiv ist oder nicht, weil Sie dann gegen ihn immun sind.

Teil IV: Die Kraft der Liebe

Es gibt viele Wege, um mit den negativen Kräften des Geistes und des Verstandes umzugehen. Aber die Liebe ist die mächtigste Kraft, die wir zur Verfügung haben, und sie ist bei jeder tiefergehenden Arbeit mit dem urteilenden Denken notwendig. Teil IV lädt Sie in die Domäne des Herzens ein.

In Kapitel 23 werden Sie herausfinden, wie Sie sich mit sich selbst anfreunden können, auch mit dem furchtsamen, kritischen Teil Ihres Geistes, der über Sie urteilt. Hier lernen Sie, wie Sie Ihr eigener Verbündeter und stärkster Unterstützer werden.

Der erste Schritt, sich die Kraft der Liebe nutzbar zu machen, besteht darin, dass wir uns unserer Verletzbarkeit gegenüber öffnen, sie zulassen. Kapitel 24 beleuchtet, welche zentrale Rolle die Verletzbarkeit beim Umgang mit dem Kritiker spielt.

Die transformative Praxis der Güte im Umgang mit sich selbst ist das Thema in Kapitel 25. Zu sich selbst gut zu sein legt den Grundstein für neue neuronale Verbindungspfade, die dazu führen, dass wir uns selbst mit Respekt und Anteilnahme behandeln.

Kapitel 26 erklärt, wieso Mitgefühl es uns möglich macht, auf den Schmerz und die Selbsturteile einzugehen, und zwar mit Güte und Anteilnahme, und zeigt, wie es uns zu Stärke verhilft und wie man gesunde Grenzen steckt, wo Schaden droht.

In Kapitel 27 werden Sie lernen, wie man die starke Kraft der Selbstvergebung entwickelt, die von der Tyrannei einer Selbstkritik befreit, die sich auf vergangenes Handeln bezieht. Mithilfe der Selbstvergebung können wir im Leben weiter voranschreiten, statt in den Urteilen der Vergangenheit steckenzubleiben.

Teil V: Jenseits des Kritikers

Teil V konzentriert sich auf ein Leben jenseits des Kritikers und damit auf den Frieden, den wir erlangen können, wenn wir seinen negativen Einfluss hinter uns lassen. In diesem Teil des Buches lernen Sie, wie Sie für den Rest Ihres Lebens ein Gefühl des Wohlbefindens kultivieren.

Kapitel 28 behandelt, wie wir unsere Aufmerksamkeit auf das Gute richten. Das ist eines der größten Gegenmittel zum Kritiker. Es ist das Gegenteil der Negativhaltung des Kritikers und hilft zu einer gesünderen, positiveren Orientierung im Leben.

Kapitel 29 erklärt, wie wir eine Haltung der heiteren Gelassenheit einnehmen und mit ihr auf andere zugehen, anstatt sie durch die Linse der Kritik zu beäugen.

Kapitel 30 beschreibt, wie das Leben aussieht und sich anfühlt und welche Horizonte sich öffnen, wenn wir dem erdrückenden Bann des Kritikers entkommen sind.

In Kapitel 31 finden Sie schließlich einen Überblick über die Haupttechniken, mit denen wir uns von der Selbstverurteilung befreien können. Die Entwicklung solcher Fähigkeiten, Verhaltensmuster und Einsichten verhilft Ihnen zu einem erfüllteren Leben, in dem Glück und Wohlbefinden nicht nur flüchtige Zustände sind, sondern eine ständige Bleibe haben.

Quellen: Der „Werkzeugkoffer“ enthält zusätzliche Strategien, mit denen wir uns wirksam von den Urteilen des inneren Kritikers befreien und ihren Einfluss auf unser Leben verringern können. Erwerben können Sie diese Fertigkeiten in kürzester Zeit, doch sie sind so hilfreich, dass sie sich ein Leben lang anwenden lassen!

TEIL I

DER KRITIKER: DAS GESAMTBILD

KAPITEL EINS

WANDEL IST MÖGLICH

Neuroplastizität und die Kraft der Wahl

Was unser Leben bestimmt, ist nicht das, was wir mit dem Mund sagen; vielmehr hat das, was wir uns selbst einflüstern, die größte Kraft.

ROBERT T. KIYOSAKI

Als mir zum ersten Mal bewusst wurde, dass man sein Denken verändern kann, haute mich das um. Und ich meine nicht einfach, dass man seine Einstellung zu einer bestimmten Sache ändert, sondern ich rede von einem radikalen Wandel der ganzen Art und Weise, wie man denkt und fühlt. Man kann tatsächlich den eigenen Geist umstrukturieren.

Vor einer Weile fielen mir die Tagebücher meiner Jugend in die Hände; sie lasen sich wie ein Monolog der Verzweiflung. Das machte mich seltsam traurig und mitfühlend dem Teenager gegenüber, der so in den negativen Strudeln seines Denkens gefangen gewesen war. Er hatte nicht gewusst, dass eine Veränderung möglich ist und sich in Negativität und Zynismus verloren. Ihm war nicht klar, dass sein Schmerz der Beginn seiner Suche nach Antworten sein würde, nach Hilfsmitteln und Techniken, die ihn aus diesem Jammertal herausführen könnten.

Zum Glück für ihn – für mich – stolperte ich über die pragmatische Praxis der Achtsamkeitsmeditation. Sie war ein Ausweg. Kein leichter oder schneller Weg, aber immerhin ein Weg durch den gefährlichen Dschungel meiner Innenwelt.

Achtsamkeitspraktiken haben, obwohl es sie schon seit tausenden von Jahren gibt, ihre Wurzel in einem Prinzip, das erst kürzlich durch die Neurowissenschaft entdeckt wurde – in der Neuroplastizität; der Fähigkeit des Gehirns zu Veränderung und Wachstum abhängig davon, worauf die Aufmerksamkeit gelenkt und wie sie gebündelt wird. Das ist eine gute Nachricht für die menschliche Entwicklung: Unser Gehirn ist keine unveränderliche Maschine. Im Gegenteil, es ist dynamisch, mitschwingend, wandlungs- und wachstumsfähig und kann gesunde Verhaltensweisen entwickeln, die unser Glücklichsein fördern.

In jenen qualvollen Jahren damals als Teenager hatte ich keine Ahnung, dass ich eine Wahl hatte. Dass die Programmierung, die ich geerbt und erlernt hatte, eben nur das war: eine Programmierung. Ich wusste noch nicht, dass ich die Codierung umschreiben konnte. Der Umstand, dass ich mich in mein eigenes Gehirn *„einhacken"* konnte, grenzte für mich an ein Wunder.

Was uns dazu befähigt, ist Achtsamkeit, das Seiner-Selbst-Gewahrsein, das uns hilft, die inneren Vorgänge unseres Verstandes, unsere Programmierung, zu verstehen. Mit Achtsamkeit haben wir die Wahl, besonders da, wo es um mentale Gewohnheits- und Entscheidungsmuster geht.

Es war die Praxis der Achtsamkeit, durch die mir die tyrannische Selbstzensur, die mein Leben so elend machte, bewusst wurde. Aus einer neu gefundenen Perspektive konnte ich sehen, wie hart ich mit mir selbst umging. Ich erkannte, welche unmöglich hohen Ansprüche ich an mein Leben stellte. Und ich sah auch, wie diese „Fehlersuch-Haltung" nicht nur mir selbst galt. Auch meine Mitmenschen betrachtete ich unter diesem negativen Mikroskop. Daher war ich als junger Mann für meine Umgebung natürlich ziemlich unerträglich! Ich war ein Idealist, aber mit meinem mentalen Schwert erschlug ich jeden, der meinen unmöglich hohen

Maßstäben und Erwartungen nicht gerecht wurde. Das war nicht lustig, weder für mich noch für meine Umgebung. (Ich bitte meine Familie noch immer um Entschuldigung, dass ich ihnen das zugemutet habe.)

Wie nun gelang es mir, dieses Muster zu ändern? Zum einen erkannte ich, dass all die vielen Urteile, die um mich herumflatterten, sich schon allein aufgrund ihrer Menge nicht so verflüchtigen würden. Jeder, der versucht zu meditieren, weiß, dass es unmöglich ist, sich gegen die Gedankenflut zu stemmen. Aber ich erkannte, dass ich den Gedanken nicht die Aufmerksamkeit schenken musste, die sie verlangten. Und gewiss brauchte ich sie nicht zu glauben. Ich brauchte mich nur an den Rat eines Aufklebers zu halten, den ich heutzutage oft in San Francisco auf Autos sehe: „Glaube nicht alles, was du denkst."

Ich erkannte auch, dass wir wählen können, wie und auf was wir unsere Aufmerksamkeit richten wollen. Ich erkannte, dass ich den Urteilen durch meine Aufmerksamkeit nicht noch mehr Nahrung zuzuführen brauchte; dass ich meinen Blick auch woandershin wenden konnte – auf meinen Körper, auf den Atem, auf den wunderschönen blauen Himmel, auf den Gesang der Vögel oder meinetwegen auch auf den Verkehr und seine Geräusche. Das war enorm befreiend.

Die Neurowissenschaft lehrt uns, dass das, worauf wir unsere Aufmerksamkeit richten, den Aufbau des Gehirns verändern kann. Die Entdeckung des Neurowissenschaftlers Donald Hebb von 1948, dass sich Neuronen, die gemeinsam aktiviert sind, miteinander verschalten, ist zu einem grundlegenden wissenschaftlichen Prinzip geworden, das innere Transformation ermöglicht. Wenn ich fortfahre, negativen Gedanken Aufmerksamkeit zu schenken, werden diese an Gewicht zunehmen. Wenn ich aufhöre, sie zu beachten, haben sie weniger Raum, sich festzusetzen und zu wachsen.

Und wenn ich meine Konzentration nicht auf das lenke, was verkehrt ist, sondern auf das, was gut ist, was positiv oder möglich ist, dann ändert sich auch meine Erfahrung, denn sie wird davon beeinflusst, worauf ich achte. Versuchen Sie das nächste Mal, wenn Sie sich an einem öffentlichen

Ort aufhalten – in einem Café, an einem Bahnhof, auf einer Straße – fünf Minuten nur die Fehler ihrer Mitmenschen zu sehen und achten Sie darauf, wie sich das anfühlt. Vermutlich nicht nach Freude und Ausdehnung. In den nächsten fünf Minuten versuchen Sie, nur das Gute in Ihren Mitmenschen zu sehen, ihre Stärken und positive Eigenschaften. Wenn Sie das tun, werden Sie sich wahrscheinlich verbundener, positiver gestimmt und vielleicht sogar verständnisvoll und dankbar fühlen – ich persönlich würde lieber in diesem Zustand verweilen.

Und genau dazu entschied ich mich. Dank der Fähigkeit des Gewahrseins, die ich in der Achtsamkeitspraxis entwickelte, war ich in die Lage, den Tiraden meines inneren Kritikers und der damit erzeugten Düsterkeit weniger Aufmerksamkeit zu schenken. Stattdessen richtete ich meine Aufmerksamkeit auf das, was gut lief, darauf, was an meinem Handeln freundlich, wirksam und erfolgreich war. Ich achtete auf das, was die Stimmung hebt, was schön und inspirierend ist. Das hat nichts mit einem Verleugnen negativer Gedanken oder der Probleme in der Welt zu tun. Es ist einfach eine bewusste Entscheidung, mich nicht in den Gravitationssog der Urteile hineinziehen zu lassen.

Das ist nicht das einzige, wozu uns Achtsamkeit befähigt. Was vielleicht viel wichtiger ist: Wenn man etwas einmal klar und bewusst erkannt hat, hat es nicht mehr dieselbe Wucht wie vorher. Als ich also meine urteilsgeladenen Gedanken klar zu erkennen begann, war es, als ob ich Projektionen auf einer Leinwand sah, und so konnte ich sie auf Distanz halten und ihren Einfluss auf mich vermindern.

Der andere bahnbrechende Wandel trat ein, als ich mit der Meditation der Liebenden Güte begann. Das ist eine Methode, um Freundlichkeit und bedingungslose Anteilnahme zu kultivieren. Diese Praxis verlangt von uns, dass wir uns selbst mit Güte betrachten, und uns liebende Worte und ernst gemeinte gute Wünsche zukommen lassen – ganz so, wie wir es mit einem geliebten Menschen tun würden. Durch diese Technik lernte ich, mir selbst Liebe geben – was mir zu dieser Zeit als ein radikaler Akt erschien.

Wenn Sie dieses Buch hier lesen, ist Ihnen die Vorstellung, sich selbst gegenüber gütig zu sein, vielleicht noch nicht sehr vertraut. Womöglich haben Sie schon herausgefunden, dass so ein Verhalten nicht zum Repertoire des Kritikers gehört, der uns oft nicht so behandelt, als ob wir solche Güte verdient hätten. Eigentlich ist es genau das Gegenteil von dem, was der Kritiker macht, und deshalb ist die Übung der Liebenden Güte so effektiv. Sie erlaubt Ihnen, Ihr Gehirn umzutrainieren und neue Neuronenverbindungen zu schaffen, die eher zur Selbstliebe statt zum Selbsthass und zur Selbstverurteilung führen.

Als ich das zum ersten Mal ausprobierte, fand ich es fast unmöglich. Es war, als ob ich versuchte, einen Eisberg in meinem Herzen zum Schmelzen zu bringen. Doch mit der Zeit, mit Ausdauer und Geduld, begann der Eisberg tatsächlich kleiner zu werden und ich erhaschte hier und da einen Blick auf die Möglichkeit, wie ich zu mir selbst gütig sein, sogar mir selbst vergeben und all meine Fehler und Schwächen akzeptieren könnte.

Gewahrsein und liebende Güte, diese zwei Flügel eines Vogels, halfen mir bei der schrittweisen Arbeit mit den inneren Stimmen, die mein Leben bis dahin mühsam und schmerzhaft gemacht hatten. Ich verstand, dass Veränderung tatsächlich möglich ist und dass, wenn ich es schaffte, es auch jeder schaffen konnte.

ÜBUNG

Auf die Sonnenseite schauen

Machen Sie diese Übung, wenn Sie das nächste Mal an einem öffentlichen Ort sind. Schauen Sie sich um und konzentrieren Sie sich fünf Minuten lang auf alles, was Sie nicht mögen, was Ihnen verkehrt, schlecht oder hässlich vorkommt. Schauen Sie die Leute in Ihrer Umgebung an und achten Sie auf deren Fehler und darauf, was an ihnen zu verbessern ist. Wie fühlen Sie sich mit dieser negativen, urteilenden Geistesverfassung?

Dann, in den folgenden fünf Minuten, achten Sie auf alles, was Ihnen an Ihrer Umgebung gefällt. Schauen Sie auf das, was positiv, erhebend oder schön ist. Beobachten Sie gleichzeitig die Leute um sich herum und konzentrieren Sie sich auf das, was Sie an ihnen mögen oder wertschätzen. Stellen Sie sich erneut die Frage, wie Sie sich dabei fühlen.

Merken Sie, wie die Verschiebung Ihrer Aufmerksamkeit auf Aufbauendes, Gutes und Positives sich direkt auf Ihre geistige und seelische Verfassung auswirkt?

Nun machen Sie dasselbe mit sich selbst. Verbringen Sie fünf bis zehn Minuten damit, an all das zu denken, was Sie an sich mögen und wertschätzen. Denken Sie an Ihre Errungenschaften, Talente und guten Eigenschaften. Erinnern Sie sich an Situationen, wo Sie sich freundlich oder großzügig verhalten haben. Seien Sie dankbar für Ihren Körper und alles, was er für Sie tut. Und achten Sie wieder darauf, wie die Verschiebung der Aufmerksamkeit auf das, was gut ist, nicht nur Ihre Stimmung verändert, sondern auch die Art und Weise, wie Sie sich selbst wahrnehmen.

Bemühen Sie sich, die Ausrichtung auf das Positive sowohl in Bezug auf sich selbst als auch in Bezug auf andere während des ganzen Tages wachzuhalten, um die Neigung unseres Geistes, sich auf das Negative zu konzentrieren, umzutrainieren.

KAPITEL ZWEI

DU BIST NICHT ALLEIN

Die Epidemie der Selbstverurteilung

Vermutlich bin ich eine ebenso gute Mutter wie
jede andere unterdrückte, neurotisch zwangsgestörte Paranoide.
ANNE LAMOTT

Ist Ihnen schon einmal aufgefallen, wie viele Menschen sich selbst das Leben schwer machen? Wie sich Freunde und Kollegen regelmäßig runtermachen und fröhlich all ihre Fehler und Probleme eingestehen? Es ist in unserer Kultur gang und gäbe, über die eigenen Schwächen und Schwierigkeiten zu reden, und sich bis zum Abwinken über die Fehler anderer zu beschweren. Wie Lucy von den *Peanuts* so eloquent zu Charlie Brown sagt: „Das Problem mit dir, Charlie, ist, dass du *du* bist."

Gleichzeitig ist es Usus, über eigene Erfolge, Stärken und Leistungen nicht zu reden. Das gilt als unfein und selbstgefällig. In England aufgewachsen lernte ich, dass es ein *Faux pas* ist, die eigenen Talente und Begabungen zu erwähnen oder im eigenem Erfolg zu schwelgen. Es ist, als riebe man anderen Leuten damit Dreck unter die Nase. Mit seinen Unzulänglichkeiten und Problemen zu prahlen, ist hingegen völlig in Ordnung.

In den Vereinigten Staaten sind die Statistiken der Gesundheitsbehörde alarmierend. Einer von zehn Amerikanern[2] nimmt Antidepressiva. Einer von fünf[3] nahm 2010 Medikamente, die Einfluss auf das Verhalten haben. Die Anzahl der Suizide[4] ist ähnlich erschütternd: 40.000 pro Jahr. Und das sind nur die erfassten Fälle. Obwohl diese Zahlen in den Vereinigten Staaten höher sein mögen als anderswo, haben viele der Industrieländer[5] ähnlich alarmierende Statistiken.

Aufgrund der therapeutischen Arbeit, die ich in den letzten fünfzehn Jahren mit Menschen auf sechs verschiedenen Kontinenten getan habe, bin ich zu der Überzeugung gelangt, dass der innere Kritiker eine wesentliche Ursache für einen Großteil aller heutigen Depressionen, Angststörungen und Selbstmorde ist. Wenn die kritischen Stimmen laut, scharf und zügellos werden, ist es schwer, den eigenen Selbstwert nicht aus dem Blick zu verlieren oder das Gefühl zu haben, dass das Leben eine Bedeutung und einen Sinn hat.

Diese zweifellos bestürzenden Statistiken enthalten eine gleichermaßen traurige wie beruhigende Tatsache: Wir sind *nicht* allein. Wenn wir depressiv sind oder uns in einem Sumpf von Selbstvorwürfen verlieren, ist insbesondere der Gedanke, dass wir mit solchen Problemen nicht „normal" seien, sehr belastend. Wir glauben fälschlicherweise, dass wir die einzigen seien, die an quälend negativen Geschichten über uns selbst leiden würden. Als wäre es nicht schon schlimm genug, überhaupt solche destruktiven Dinge über sich selbst zu glauben, bereitet einem die Vorstellung, der einzige „Verlierer" im Raum zu sein, doppelte Schmach und ist viel schwerer zu beseitigen.

In den Workshops, die ich über den inneren Kritiker halte, ist eines der heilsamsten Resultate, wenn die Menschen erkennen, dass sie mit ihrem urteilenden Denken nicht allein sind. Isolation und der Glaube, man wäre die seltene Ausnahme und alle übrigen verlebten eine vergnügliche Zeit, ist nur eine Komponente dieses mentalen Problems.

Wenn ich die Teilnehmer eines solchen Workshops ihre Listen mit Urteilen über sich selbst paarweise austauschen lasse, herrscht am Anfang große Befangenheit und Peinlichkeit, die Angst vor drohender Beschämung. Doch wenn sie dann ihre Listen miteinander durchgehen, rauscht eine Welle kollektiver Erleichterung durch den Raum. Dieses Gefühl der Erleichterung entsteht aus der Erkenntnis, dass wir alle sehr ähnliche Selbsturteile und negative mentale Muster haben. Der Gedanke, einander helfen zu können, weil wir mit ähnlichen Dingen zu kämpfen haben, weckt unseren Sinn für Kameradschaft und den Wunsch, sich gegenseitig zu unterstützen.

ÜBUNG

Den Kritiker überall entdecken

Achten Sie in Ihrem Alltag – egal ob zu Hause, bei der Arbeit, mit Freunden, beim Einkaufen, beim Fernsehen – einmal darauf, wie der Kritiker in anderen Menschen operiert. Gut beobachten lässt sich das zweifellos auch, wenn wir uns die Tiraden von Politikern und Experten im Radio anhören, oder wenn ein Filmkritiker den neuesten Film in der Luft zerreißt.

Entdecken Sie den inneren Kritiker in Unterhaltungen, in der Art, wie die Leute sich im Spaß schlecht machen: „Ach, du weißt ja, in Mathe bin ich ein hoffnungsloser Fall." „Meine Haare sehen heute furchtbar aus." „Meine Güte, wie schrecklich ich auf diesen Fotos aussehe." „Gestern auf der Sitzung im Büro habe ich echt Mist gebaut." All das sind völlig normale Sätze, wenn wir uns miteinander unterhalten.

Beobachten Sie, was geschieht, wenn Sie solches Verhalten bemerken. Können Sie sich mit dem anderen identifizieren, wenn er oder sie schlecht über sich selbst oder andere redet? Fühlt es sich vertraut an oder sogar gemütlich? Spüren Sie so etwas wie ein kumpelhaftes Miteinander? Erkennen Sie, wie allgegenwärtig dieses Muster ist? Es ist gut möglich, dass Sie sich weniger allein fühlen, wenn Ihnen klar wird, dass Sie nicht der einzige Mensch mit einer sadistischen inneren Stimme sind. Oder empfinden Sie Mitgefühl mit der anderen Person, weil sie so negativ über sich spricht?

Je mehr Sie auf diese Weise beobachten können, umso mehr werden Sie das belastende Gefühl los, dass nur Sie allein ein Problem haben, dass es nur in Ihnen diese Stimme gibt, die Ihnen sagt, dass Sie sich schämen sollten. Und dann beginnen Sie vielleicht, ein Gefühl der Verbundenheit mit anderen zu entwickeln, ein Gefühl, dass auch Sie teilhaben an dem menschlichen Bemühen, inmitten all unserer Konditionierungen und Gedankenkreisel einen Weg zum Frieden zu finden.

KAPITEL DREI

DAS HOCHSTAPLER-SYNDROM

Wenn sie wüssten, wie ich wirklich bin …

Ich habe elf Bücher geschrieben, aber jedes Mal denke ich, „Oje oje, diesmal werden sie es merken. Ich habe allen etwas vorgespielt und jetzt ertappen sie mich."
MAYA ANGELOU

Ein gängiges Beispiel für die Allgegenwärtigkeit des inneren Kritikers ist das Phänomen des „Hochstapler-Syndroms" – das Gefühl, das man nicht verdient, im Leben da zu stehen, wo man steht. Nach Schätzungen leiden 70 Prozent der Bevölkerung am Hochstapler-Syndrom[6]. Wie oft haben Sie schon vor einer Klasse gestanden, sind gebeten worden, als Autorität auf irgendeinem Gebiet einen Vortrag zu halten, bei einem Konzert mitzuspielen, oder wurden für das beste Sportteam ausgewählt und haben sich dabei wie ein Betrüger gefühlt? Wie steht es mit all den Malen, wo Sie als vermeintlicher Spezialist ein Interview gaben, sich aber wie ein Blender vorkamen?

Das Hochstapler-Syndrom taucht üblicherweise als die Stimme auf, die sagt: „Was glaubst du, wer du bist?" Diese Stimme des Selbstzweifels und der Geringschätzung verfolgt Millionen. Sie erschien sogar dem Buddha in der Nacht seiner Erleuchtung. Als ich davon zum ersten Mal hörte, dachte ich: „Dann bin ich wenigstens in guter Gesellschaft!" Ein zeitgenössischeres Beispiel für dieses überall verbreitete Muster ist Meryl Streep[7], die Schauspielerin mit den meisten Oscar-Nominierungen in der Geschichte. Sie sagte in einem Interview: „Warum würde mich irgendjemand noch einmal in einem Film sehen wollen? Und ich kann sowieso nicht schauspielern, warum tue ich das überhaupt?"

Manchmal kommt man sich wie ein Betrüger vor, wenn man den Job tatsächlich bekommt. Haben Sie je das Gefühl gehabt, dass, wenn die Leute herausfänden, wer Sie wirklich sind, sie enttäuscht wären, oder man Sie auf der Stelle feuern würde? Ob Hausmeister oder Firmenchef – wir alle sind anfällig für dieses Gefühl, ein Hochstapler zu sein.

Gegen Ende seines Lebens gab Einstein zu[8], dass er sich wie „ein unfreiwilliger Schwindler" vorkomme. Fast alle berühmten Persönlichkeiten haben da ihre eigene Version. „Ich bin gar kein Schriftsteller. Ich habe mir und anderen etwas vorgemacht", schrieb John Steinbeck[9] 1938 in sein Tagebuch. Die Geschäftsführerin von Facebook, Sheryl Sandberg[10] meinte einmal: „Es gibt immer noch Tage, da wache ich auf und fühle mich wie eine Hochstaplerin." Und natürlich, wenn wir auf die Einflüsterungen und Sticheleien unseres inneren Kritikers hören, liegt es nahe, zu glauben, dass wir Schwindler seien und es nicht verdienten, da zu sein, wo wir sind.

Viele Leute haben dieses Gefühl auch in Beziehungen. Vielleicht haben Sie den Partner oder die Partnerin Ihrer Träume. Und so gut das ist, werden Sie von einer gespenstischen Befürchtung heimgesucht, die diese Form annimmt: „Wenn sie/er nur wüsste, wie ich wirklich bin, würden sie/er mich verlassen." Wenn wir solchen Gedanken Glauben schenken, können derartige Selbstherabsetzungen gerade die Beziehung gefährden, die uns besonders am Herzen liegt.

In mir löst nichts stärker dieses Gefühl der Hochstapelei aus, als wenn ich als Achtsamkeitslehrer auftrete. Wie oft bin ich schon erschienen, um eine Meditationsklasse zu leiten oder einen Vortrag über Geduld zu halten, nachdem ich eine Stunde zuvor noch auf der Autobahn im Stau stand, frustriert über den Verkehr und geplagt von der Sorge, ob ich es rechtzeitig zur Klasse schaffe? Ganz sicher habe ich da kein Bild heiterer Gelassenheit abgegeben, wie es viele Meditationsschüler vielleicht erwarten würden. Ich schwebte nicht auf Wolken, als ich dasaß und die Abgase einatmete! Oder wenn ich einen Vortrag darüber zu halten hatte, wie uns Achtsamkeit zu Aufmerksamkeit im gegenwärtigen Moment verhilft und wie sie das Gedächtnis und die Raumwahrnehmung verbessert. Gut möglich, dass ich trotzdem, bevor die Klasse begann, fünfzehn Minuten lang damit verbracht habe, im Geiste meine Wege an dem Tag zurückzuverfolgen, weil ich meine Schlüssel um alles in der Welt nicht finden konnte!

Glücklicherweise habe ich genug über Achtsamkeit gelernt, um zu verstehen, dass es nicht darum geht, perfekt zu sein, sondern darum, wie man sich auf die Erfahrung jedes Momentes bezieht und gegenwärtig bleibt, und das mit einer freundlich-verständnisvollen Aufmerksamkeit. Und für mich bedeutet das manchmal, einfach präsent zu sein für die Ängste, Frustrationen oder Verwirrungen, die jeder von uns erlebt.

ÜBUNG

Das Hochstapler-Syndrom erkennen

Was wäre, wenn Sie dran glauben könnten, dass Sie die richtige Person für den Job sind oder die ideale Wahl für Ihren Seelenpartner? Wie würden Sie sich fühlen, wenn Sie vor einem Publikum stünden und alles Recht der Welt hätten, genau dort zu stehen, kompetent und voller Selbstvertrauen? Können Sie sich vorstellen, Ihren Platz im Vorstand einzunehmen und zu wissen, dass Sie allen Grund haben, dort zu sein?

Es ist möglich, das Hochstapler-Syndrom zu überwinden. Und zwar so:

SCHRITT 1: Seien Sie achtsam, um das Hochstapler-Syndrom zu erkennen, sobald es aktiv ist. Wenn wir etwas bewusst wahrnehmen, hat es uns nicht mehr so im Griff wie vorher, als es unbewusst geschah. Es mag zwar wehtun, das Muster zu erkennen, aber es ist der Beginn, um sich aus diesen Fesseln zu befreien.

SCHRITT 2: Achten Sie darauf, wann Sie diese schwächenden Gedanken haben. Versuchen Sie, die Stimmen aufzuspüren, die Ihre Autorität, Ihre Erfahrungen oder Fähigkeiten anzweifeln. Nehmen Sie wahr, was sie sagen. Erst wenn wir diese Gedanken klar erkennen, können wir uns von ihnen distanzieren und ihren Einfluss eindämmen.

SCHRITT 3: Hinterfragen Sie stets die Gedanken, die gerade da sind. Gedanken selbst haben kein Monopol auf die Wahrheit, und je weniger wir ihnen glauben, umso eher werden sie in Vergessenheit geraten. Dann können wir den Schwerpunkt unserer Aufmerksamkeit von ihnen weg verlagern und uns stattdessen etwas anderem zuwenden, das wahrer, gegenwärtiger und positiver ist.

SCHRITT 4: Erinnern Sie sich an Ihre Fähigkeiten, Erfahrung und Talente, die zu Ihren Selbstzweifel in direktem Widerspruch stehen. Da der Kritiker überall durchdringen kann, ist es wichtig, seinem Hohn und Spott Objektivität entgegenzusetzen. Statt all den Gründen zu lauschen, warum Sie den Vortrag nicht halten oder den Job nicht bekommen sollten, richten Sie Ihre Aufmerksamkeit lieber auf Ihre einzigartigen Stärken und Fähigkeiten, die Sie in Bezug auf eine Situation, eine Person oder ein Team haben. Es ist wesentlich, das ständig zu tun, damit Ihr Blickwinkel sich an der Wirklichkeit und nicht an verzerrten Sichtweisen orientiert.

KAPITEL VIER

DER FRIEDENSDIEB

Der Kritiker als Ursache geringer Selbstachtung

Bleib dem Gericht der Selbstverurteilung fern,
denn dort gibt es keine Unschuldsvermutung.
ROBERT BRAULT

Wie oft haben Sie schon einen ruhigen Sonntagnachmittag genossen, haben in der Spätsommersonne im Garten gesessen, vollkommen eins mit der Welt, und dann meldete sich plötzlich eine nörgelnde Stimme und sagte so etwas wie: „Warum verschwendest du diesen wunderbaren Nachmittag? Du könntest etwas Produktiveres tun, zum Beispiel den Rasen mähen, die Garage entrümpeln oder all die Arbeiten im Haus erledigen, die du dir für dieses Wochenende vorgenommen hattest." Blitzartig wird der beschauliche Augenblick durch ein schlechtes Gewissen kaputt gemacht.

Dasselbe geschieht, wenn wir abends eine Spazierfahrt mit dem Auto machen und wir feststellen, dass das Auto seit Monaten nicht mehr gewaschen wurde, die Fenster dreckig sind und der Müll ausgeräumt werden müsste. Dann erhebt sich eine Stimme aus dem Dunkeln und erklärt, warum du diesen netten kleinen Ausflug nicht verdient hast, sondern stattdessen daran erinnern werden musst, wie vergesslich und faul du bist und warum du etwas tun musst – irgendetwas, und sei es so etwas Einfaches wie das Auto zu waschen.

Das Gleiche gilt für all die Male, als Sie zum Abendessen bei einem Kollegen in sein wunderschönes Haus eingeladen waren, die idyllische Kindergeburtstagsparty bei einem Freund besucht oder eine Probefahrt mit dem neuen Wagen Ihres Bruders gemacht haben. Anstatt den Augenblick genießen zu können, wurden Sie von dem Kritiker abgelenkt, der Ihr Leben mit dem der anderen verglich und alles aufzählte, wo Sie nicht mithalten können. Der innere Richter unterstellt, dass wir weniger wert sind, weil wir nicht so gut kochen können, unser Haus zu lotterig ist, um Gäste zu empfangen, wir die Geburtstagspartys unserer Kinder nicht gut organisieren und unser Auto schlichtweg peinlich ist.

Jene Stimme des Kritikers ist allzeit bereit, uns die Freude des Augenblicks zu verderben und uns daran zu erinnern, dass wir kein Recht auf Spaß oder Entspannung haben, nicht fähig sind, auf uns selbst aufzupassen und im Vergleich mit anderen nicht gut genug sind. Sie will uns weismachen, dass wir, wenn wir doch nur zuhören und die Kommandos des Kritikers befolgen würden, ein besserer, zufriedener und erfolgreicherer Mensch wären.

Was als harmlose Stimme begonnen haben mag, dreht mit der Zeit den Lautstärkeregler in unserem Kopf immer mehr auf, bis sie zu einer fortwährenden Nörgelei wird, wie ein kläffender Hund, der ständig nach unseren Fersen schnappt.

Was geschieht, wenn wir auf all diese verunglimpfenden Bemerkungen hören? Der Genuss am gegenwärtigen Moment geht verloren. Stattdessen fühlen wir uns wertlos, unzulänglich und unzufrieden. In meiner Arbeit der letzten zwei Jahrzehnte mit tausenden Menschen habe ich immer wieder beobachtet, wie die Leute ihrem inneren Kritiker und seinem harten Urteil zum Opfer fallen. Wenn man all diesen scharfen Urteilen Glauben schenkt, stellt sich als traurige Konsequenz eine Dämpfung der Freude, Verminderung des Wohlbefindens und ein Verlust der Selbstachtung ein, und die Chancen einer Depression oder Angststörung nehmen zu. Das Endergebnis ist ein unterschwelliges Schamgefühl.

Einmal arbeitete ich mit einem wunderbaren Mann namens James – er war schon in den Sechzigern – dem es nicht gelungen war, der Unterdrückung durch seinen inneren Kritiker zu entkommen. Er sah grau aus, vom Wetter gegerbt, und sprach davon, dass er sich wie erstickt fühle, wie unter einer Wolke aus Scham. Er war nicht in der Lage, seine eigenen Gedanken vom Lärm des Kritikers zu unterscheiden, deshalb wurde er ständig von den Urteilstiraden in seinem Kopf geplagt.

Er tat mir unendlich leid. Er konnte nicht sehen, was für ein guter Mensch er war, jemand, der immer sein Bestes gab und sich aufrichtig um seine Kollegen, seine Familie und um viele andere Menschen kümmerte. Ich konnte ein Funkeln wahrnehmen, wenn er über seine Liebe zur Natur und zu Tieren sprach, doch sein ganzes Wesen war wie in einen schweren Deckmantel eingehüllt. Abgesehen von wenigen Glücksmomenten, machte ihm sein innerer Kritiker – der ständig mahnte, er sei nicht gut genug, er sei ein Versager – das Leben schwer, so dass James keinen Frieden finden konnte.

Wäre der Kritiker eine eigenständige Person, die uns all diese endlosen Tiraden auftischt, würden wir sie des emotionalen oder psychischen Missbrauchs bezichtigen. Gut möglich, dass wir Hilfe suchen würden, jemanden, der eingreift und ihr sagt, sie solle verschwinden; womöglich würden wir sogar eine einstweilige Verfügung mit Kontaktverbot erwirken. Doch da die Kritik in den stillen Kammern unseres eigenen Kopfes stattfindet, bemerkt sie niemand anderes; sie wird zu so etwas wie unserem Wohnzimmermobiliar – vertraut im Hintergrund – unbehelligt und unangefochten.

Ich erinnere mich noch an eine andere Situation: Ich coachte eine Frau, die medizinische Forschung auf höchstem Niveau in New York betriebt. Sie war Ende Dreißig, sehr versiert und hatte als Beraterin im

Gesundheitswesen im Capitol Hill in Washington DC gearbeitet. Trotzdem war ihr Selbstbild sehr negativ. Alles, worauf sie fixiert war und zur Selbstbewertung heranzog, war ihre Unfähigkeit, erfolgreich eine lange Beziehung zu führen. Bedauerlicherweise war sie nicht in der Lage, die Errungenschaften ihrer glänzenden Karriere zu genießen und zu feiern.

Dieses eine Problem in ihrer eigenen romantischen Welt war die einzige Linse, durch die sie schaute, um den Wert ihrer Person zu bestimmen. Das machte sie niedergeschlagen und hoffnungslos. Ihren natürlichen Begabungen, Stärken und Talenten gegenüber war sie völlig blind. Sie sah sich nur durch diese Linse. Kein Wunder, dass sie sich elend fühlte.

Je mehr wir auf die negativen, verzerrenden inneren Stimmen der Selbstverurteilung hören, die unseren Selbstwert in Frage stellen, umso wahrscheinlicher wird unser Selbstwertgefühl aus dem Gleichgewicht geraten und wir werden immer mehr dazu neigen, mutlos an uns zu zweifeln. All das Gute, was uns ausmacht, nicht mehr wahrnehmen zu können, bedeutet, dass uns das Fundament fehlt, auf dem wir ein glückliches Leben aufbauen können.

ÜBUNG

Den inneren Saldo ausgleichen

Der innere Kritiker ist wie ein schlechter Buchhalter, der nur auf die roten Zahlen schaut, auf die Verbindlichkeiten und die Schulden, ohne die Habenseite mit einzubeziehen. Um einen klareren Blick auf Ihre inneren Bilanzen zu bekommen, versuchen Sie doch mal einen ganzen Tag lang, auf die positiven Aspekte an sich zu achten:

- Achten Sie auf Ihre individuellen Gaben, Fähigkeiten und Eigenschaften.
- Registrieren Sie, wann immer Sie auf positive, freundliche, anteilnehmende Weise handeln.

- Nehmen Sie Ihre leisen Momente der Freude und Leichtigkeit wahr.
- Verinnerlichen Sie die Momente, in denen Sie Ihre Kleidung und Ihr Aussehen wertschätzen können.
- Erkennen Sie es an, wenn Sie mit anderen Menschen höflich, respektvoll und anteilnehmend umgehen.
- Halten Sie nach den positiven Wirkungen Ausschau, die Sie in eine Situation oder Umgebung hinein- oder einer Person entgegenbringen.
- Verinnerlichen Sie die Male, in denen Sie spontan großzügig zu anderen sind.
- Nehmen Sie Ihren Sinn für Humor wahr und Ihre Fähigkeit, sich am Leben zu erfreuen.

Manchmal, wenn wir das tun, kommt es vor, dass der Kritiker in uns noch lauter wird. Es kann sein, dass er jeden unserer Versuche, auf die Sonnenseite des Lebens zu schauen, lächerlich macht. Bemühen Sie darum, Ihre Bilanzen ins Gleichgewicht zu bringen, indem Sie Ihren Blickwinkel auf folgende Weise verlagern:

- Wenn Sie Komplimente bekommen, nehmen Sie sich Zeit, diese anzunehmen, anstatt sie abzuwinken oder an den Motiven zu zweifeln.
- Wenn Sie eine E-Mail bekommen, in der sich jemand bei Ihnen für etwas bedankt, das Sie getan oder gesagt haben, nehmen Sie das an und achten Sie darauf, wie es sich anfühlt.
- Wenn Sie gute Arbeit geleistet haben, im Büro, zu Hause oder wenn Sie sich um die Familie gekümmert haben, nehmen Sie auch das in sich auf.

Je mehr Sie das Gute an einer Ihrer Handlungen annehmen können, umso eher erkennen Sie, wie es aus Ihrem angeborenen Gutsein kommt, aus Ihrer authentischen Natur.

KAPITEL FÜNF

DU BIST NICHT DEINE SCHULD

Gedanken nicht persönlich nehmen

Bevor Sie hingehen und die jüngere Generation kritisieren, denken Sie daran, wer sie aufgezogen hat.

ANONYM

Es gibt hin und wieder diese Momente im Leben, in denen uns ein bestimmtes Wort oder ein Satz ganz unerwartet überrumpelt, in uns einsinkt und so tiefe Resonanz erzeugt, dass er die verborgensten Winkel unseres Seins durchdringt. Das geschah mir, als ich den Satz „Du bist nicht deine Schuld" von meinem Freund und Kollegen Wes Nisker hörte.

Irgendwie schmolz dadurch eine große Last in mir weg, so als ob mir ein mit schweren Steinen gefüllter Rucksack abgenommen worden wäre. Ich erkannte, dass ich den Ballast dessen, was ich glaubte, wer oder wie ich sei – dass das alles meine Schuld sei – nicht länger mit mir herumschleppen musste.

„Ich bin nicht meine Schuld – was für ein Gedanke" – ich sann dem nach. „Was für ein anderer Ansatz, mich zu sehen." Wie die meisten

Menschen hatte ich die Vorstellung mit mir herumgetragen, selbst schuld zu sein. Dass ich derjenige sei, der daran schuld war, dass ich planlos und sensibel war, dass ich wenig Energie hatte und all das andere auch, das aus der Sicht des Kritikers mit mir nicht stimmte.

Ich fragte mich, wie es wohl wäre, all das nicht mehr persönlich zu nehmen. Es mir selbst nicht mehr vorzuwerfen, mich selbst nicht mehr dafür verantwortlich zu machen. Das hieß natürlich nicht, ab jetzt meine Verantwortung für mein Benehmen und mein Handeln abzugeben. Es bedeutete nur, dass ich mir all meine Eigenarten, Unzulänglichkeiten und Macken nicht mehr vorwarf. Es bedeutete, mich aus der Verantwortung für die kulturelle, soziale, biologische und familiäre Konditionierung zu lösen, die mir früh in der Kindheit eingeprägt worden war und stark beeinflusst, wer ich heute bin.

Denken Sie darüber nach, in welcher Weise das auf Sie zutrifft – wie Sie nicht „selbst schuld" sind. Haben Sie um eine bestimmte Körperform, Hautfarbe oder Größe gebeten? Haben Sie sich diesen zwanghaften, kontrollierenden Geist gewünscht? Haben Sie Ihre ethnische Zugehörigkeit bestellt? Haben Sie Ihren emotionalen Typus – der vielleicht zum Theatralischen, Irrationalen, oder Sprunghaften tendiert – im Katalog ausgesucht? Haben Sie sich die dysfunktionale Familie erbeten, die bei Ihnen emotionale Narben und Neurosen hinterlassen hat? Wahrscheinlich nicht.

Im New-Age-Denken gibt es diese Strömung, die behauptet, dass wir um genau das gebeten haben, was wir in diesem Leben bekommen. Sei es unser Körper, unsere Familie, unsere Traumata oder die Probleme, mit denen das Leben uns herausfordert. Ich bezweifele diese Vorstellung stark. Wo ist der empirische Beweis, dass es so ist? Es mag viele „Psychomedien" geben, die aus „vergangenen Leben" berichten und Theoretiker, die behaupten, dass wir hier auf die Erde gekommen sind und all das so gewollt haben. Doch das ist ein rein spekulatives Glaubenssystem, das sich nicht beweisen lässt. Und mehr noch, es bereitet den Menschen Schuldgefühle, weil sie sich dadurch selbst verantwortlich für ihre schwierigen und oft schmerzlichen Lebensumstände fühlen.

In Wirklichkeit sind wir die Summe unzähliger Ursachen und Bedingungen, die wir unmöglich alle nachverfolgen können. Wer wir sind und wie wir enden, hängt von einer Vielzahl von Gegebenheiten außerhalb unserer Kontrolle ab. Denken Sie nur an so einfache Tatsachen wie an den Ort, wo Sie geboren wurden – wie Sie das geformt und geprägt hat. Was für ein anderer Mensch wären Sie, wenn Sie in einem Inuit-Stamm im Norden Kanadas in klirrender Kälte oder bei Textilhändlern in einer Stadt in Ghana, oder bei Tango-Lehrern in Buenos Aires geboren worden wären?

Überlegen Sie, was es ausmachen würde, wenn Ihr IQ um 70 Punkte höher wäre, oder wenn sie als Kind eine Lernschwäche gehabt (oder nicht gehabt) hätten. Oder wenn sich Ihre Eltern getrennt (oder nicht getrennt) hätten, als Sie klein waren. Oder wenn Sie extrem gut im Schach wären und nationaler Schachmeister würden. Oder wenn die Stadt, in der Sie wohnten, von einem Tornado zerstört worden wäre. So viele Faktoren, so viele Einflüsse, die da jenseits unserer Kontrolle an unserem Werdegang beteiligt sind.

Doch irgendwann und irgendwo in dem Prozess haben wir begonnen, die Verantwortung für all das zu übernehmen. Das Ego in all seiner Hybris stand eines Tages auf und sagte: „Jawohl, es ist alles meine Schuld. Ich bin der einzige entscheidende Faktor, der mich zu dem macht, wer und was ich bin. Nichts anderes zählt. Ich habe Erfolg oder versage, schaffe oder „vermurkse" es, je nachdem, was ich tue."

Nehmen Sie sich die Zeit, das Gesamtbild zu betrachten; wie Sie überhaupt hierhergekommen sind, auf diese durchs Universum fliegende Felskugel, und denken Sie an die unzähligen Faktoren, die Sie in sozialer, persönlicher und genetischer Hinsicht beeinflussen und prägen. Mit Abstand betrachtet kann das Mitgefühl aufkommen lassen, mit was für Problemen auch immer, mit besonderen ererbten oder erworbenen Charakterzügen, mit Verhaltensmustern und Schwächen. Wieso? Weil wir einsehen, dass es nicht unsere Schuld ist. Weil wir, wenn wir in dieses Leben treten, unsere Karten einfach ausgeteilt bekommen, ein bisschen wie beim Blindsetzen auf eine Kartenfolge in einer Runde Texas-Poker.

Wie wir mit den Karten, die wir bekommen haben, dann umgehen, liegt natürlich mit dem Erwachsenwerden mehr und mehr in unserer eigenen Verantwortung. Doch selbst dann ist nicht zu unterschätzen, wie viele unserer Reaktionen weiterhin irgendwie beliebig und außerhalb unserer Kontrolle sind.

Es gibt einen Spruch, der lautet: „Nicht, was du mitbringst, sondern wie du damit arbeitest, macht den Unterschied." Oder in Anlehnung an den Begründer der Analytischen Psychologie, C.G. Jung: „Ich bin nicht, was mir geschah. Ich bin, was ich zu werden wähle." Wir sollen uns keine Vorwürfe machen oder uns abstrafen für das, was und wer wir sind. Wir sollen uns selbst mit einer freundlich-gütigen, neugierig-forschenden Haltung begegnen und mit dem Rohmaterial, das wir in diesem Leben vorgesetzt bekommen haben, in Resonanz gehen. Das ist eine völlig andere Haltung als die eines Richters, der Schuld zuweist und aburteilt. Diese Haltung erlaubt uns, uns selbst zu akzeptieren und bietet mehr Raum für unsere kuriosen, wundervollen und manchmal dysfunktionalen Eigenarten.

Ebenso ist unser Verstand oder unser Kritiker nicht unsere Schuld. Genauso wenig sind es die zahllosen urteilenden Gedanken, die unser Geist hervorbringt. Nichts davon müssen wir persönlich nehmen. Die Urteile des Kritikers sind nicht wir. Wie alles andere ist der innere Kritiker ein Ergebnis unserer Konditionierung, ein notwendiger Bestandteil der kindlichen Entwicklung. (Auf diese Thematik werden wir in Kapitel 6 näher eingehen.) Die Tatsache, dass er nicht mehr willkommen ist oder über seinen Nutzen hinaus fortbesteht, ist auch nicht unsere Schuld. Aber jetzt ist es an der Zeit, die Verantwortung für die urteilenden Stimmen zu übernehmen, die sich bei uns eingenistet haben und die wir nun, falls nötig, zum Gehen auffordern oder sie wenigstens nicht mehr zum Dinner einladen!

Mit Ihren Gedanken verhält es sich ähnlich wie mit diesen kritischen Stimmen. Es sind nicht *Ihre* Gedanken. Es gibt keinen „jemand" hinter Ihren Gedanken. Gedanken denken sich selbst. Das Gehirn denkt sechzig- bis siebzigtausend Gedanken[11] pro Tag. Das ist eine ganze Menge!

Wie viele von denen haben Sie wirklich absichtlich gedacht? Wahrscheinlicher ist, dass sie einfach wie Pilze aus dem feuchten Waldboden sprießen.

Wenn Sie einen Schritt zurücktreten und achtsam diesen ganzen Gedankenzirkus anschauen, ohne sich darin verstricken zu lassen, können Sie erahnen, dass Weite und Freiheit möglich sind. Sie können nicht nur Ihre Verantwortung für die Gedanken in Ihrem Kopf ablegen, sondern Sie können sich mit Hilfe achtsamer Bewusstheit auch von deren Bedeutungen und Wirkungen distanzieren. Dann treffen sie Sie nicht mehr so schmerzlich, weil Sie sie nicht für die Stimme der Wahrheit halten, sondern einfach für Gedanken, die wie Luftblasen aus einer Quelle sprudeln und wieder vergehen.

ÜBUNG

Es nicht persönlich nehmen

Notieren Sie auf einem Blatt Papier in einer Spalte all das, wofür Sie sich Vorwürfe machen oder woran Sie schuld zu sein glauben. Dann fügen Sie in einer weiteren Spalte neben jedem Punkt hinzu, ob Sie wirklich und realistisch dafür verantwortlich zu machen sind.

Beispielsweise könnte in der ersten Spalte stehen, dass Sie im Vergleich zur Durchschnittsbevölkerung übergewichtig sind. In der Spalte daneben ständen dann einige der Ursachen und Gründe, die zu Ihrem Gewicht beitragen, aber außerhalb Ihrer Macht liegen und nicht Ihre Schuld sind. Zum Beispiel: Übergewicht in der Familie; Diabetes Typ 2; ein verlangsamter Stoffwechsel; eine überdurchschnittlich kräftige Statur.

Wieder geht es hier nicht darum, sich vor der Verantwortung zu drücken, sondern die weitreichenderen Ursachen und Bedingungen zu sehen, die unser Leben beeinflussen. Das kann helfen, dem Kritiker entgegenzuwirken, wenn er einzelne Punkte herausgreift, um sie uns als Fehler anzukreiden.

Ein weiteres Beispiel: In der ersten Spalte steht vielleicht, dass Sie sozial ängstlich sind, was der innere Kritiker als Problem und Fehler ansieht. In der Spalte daneben könnte stehen, dass Sie in einer Gegend aufwuchsen, in der Ihre Familie zu einer religiösen, sozialen oder ethnischen Minderheit gehörte und wo man Sie wegen Ihres Andersseins gemobbt, abgelehnt oder verhöhnt hat. Solch eine Behandlung über Jahre hinweg ist vielleicht zum Teil verantwortlich dafür, dass Sie in sozialen Situationen ein völlig natürliches Gefühl der Angst und Zurückhaltung empfinden.

Wenn Sie mit beiden Spalten durch sind, nehmen Sie sich Zeit, um darüber zu reflektieren und darauf zu achten, wie es sich anfühlt, Ihr Leben in diesem größeren Zusammenhang anzuschauen. Betrachten Sie Ihr Verhalten oder Ihre Eigenschaften aber nicht isoliert, sondern berücksichtigen Sie, wie diese entstanden sind – durch zahlreiche Ursachen und Bedingungen, über die Sie keine Macht hatten.

Sobald Sie solche Dinge objektiver anschauen, können Sie die Schichten der Scham oder Peinlichkeit herunterschälen. Ironischerweise setzt das Energien in Ihnen frei, so dass Sie sich dieser Dinge mit größerer Klarheit und Verantwortung annehmen und, falls nötig, effektive Maßnahmen ergreifen können.

KAPITEL SECHS

WIE BIN ICH HIERHERGEKOMMEN?

Ursprung und Funktion des Kritikers

Warte nicht auf das Jüngste Gericht. Du stehst jeden Tag vor deinem Richter.
ALBERT CAMUS

In einem Meditationskurs beschrieb ein Anwalt den inneren Kritiker einmal als einen übellaunigen Mitbewohner, der ständig herumnörgelt, weil man es ihm nicht recht macht. Während er sprach, nickten viele Leute zustimmend mit dem Kopf. Im Verlauf dieses Kurses wurde der „unbequeme Mitbewohner" zum Synonym für all die ungesunden Stimmen in unseren Köpfen.

Später merkte eine Teilnehmerin an, dass das Ganze nicht so schlimm wäre, wenn es sich nur um einen einzigen Mitbewohner handeln würde. Aber, sagte sie, in ihrem Kopf gehe es eher wie im Schlafsaal eines Schullandheims zu! Sie meinte, dass „da sehr viele Kritiker drin sind, und was für einen Rabatz die machen, sogar mitten in der Nacht!". Ich war ganz ihrer Meinung und fügte noch hinzu, dass es keine Party sei, zu der ich gern eingeladen werden würde. Aber der Kritiker kümmert sich nicht um Einladungen. Er platzt einfach rein, häufig zu den unpassendsten Gelegenheiten.

Wenn der Kritiker ein so unerwünschter Gast ist, warum werden so viele Menschen von ihm geplagt? Die Natur bringt selten, wenn überhaupt, etwas hervor, dass keinem Sinn und Zweck dient. Also was ist der Sinn und Zweck des Kritikers, und wie kam er hierher?

Es gibt viele psychologische Erklärungen für die Anwesenheit des Kritikers. Sigmund Freud, der Gründervater der Psychoanalyse, nannte ihn das Über-Ich. Für ihn ist das Über-Ich ein wesentlicher Bestandteil der Psyche, der die Aufgabe hat, die Impulse des Es in gezügelte Bahnen zu lenken. Das Es sind unsere ursprünglichen, unbewussten (sexuellen) Triebe. Wenn sie nicht in Schach gehalten würden, so Freud, würde das zu einem ungezügelten Ausagieren dieser aggressiven, egozentrischen Kräfte führen, was das Leben in einer zivilisierten Gesellschaft fast unmöglich machen würde. (Der Film *Herr der Fliegen* portraitiert so eine Wirklichkeit mit ihren grauenvollen Konsequenzen.)

Ohne Fachterminologie können wir sagen, dass Säuglinge und Kleinkinder ein Höchstmaß an Liebe, Zuwendung und Fürsorge von ihren Eltern/Bezugspersonen brauchen, und zwar nicht nur, um zu überleben, sondern auch, um sich optimal zu entwickeln. Nicht zuletzt deshalb sind Babys so unglaublich niedlich, damit wir sie lieben und uns um sie kümmern wollen. Um in das jeweilige Familiensystem zu passen, in das wir hineingeboren wurden, mussten wir als Kinder in der Lage sein, unsere eher unerwünschten Empfindungen wie Ärger, Wut, Gier oder Selbstsucht unter Kontrolle zu haben.

Da diese Kräfte so gewaltig sind, brauchten wir einen gleichermaßen starken Mechanismus, um sie einzudämmen. Und es gibt kaum eine bessere Waffe als die Scham, um eine starke Kraft in uns außer Betrieb zu setzen. Denken Sie an die vielen Arten, auf die Sie als Heranwachsender beschämt wurden. Sie dienten als Kommandos, um diesen Trieben Einhalt zu gebieten.

In einem der vielen wilden Kämpfe mit meinem älteren Bruder nannte ich ihn einmal einen „verdammten Lügner", nachdem er wegen eines Streiches, für den wir Ärger bekommen hatte, gelogen hatte. Mein Vater, ein strenger Katholik, geriet außer sich vor Wut, als er diese Gotteslästerung hörte. Er wusch mir daraufhin den Mund – im wörtlichen Sinn – mit Seife aus, weil Fluchen Sünde sei.

Wie Sie sich vorstellen können, lernte ich ziemlich schnell, dass Fluchen nicht erlaubt war, dass ich dafür getadelt und bestraft wurde. Um also zukünftigen Demütigungen vorzubeugen, trat mein Kritiker auf den Plan und warnte mich, dass Fluchen schlecht, falsch und schändlich sei, und besonders in Gegenwart meiner Familie zu unterlassen sein.

So gesehen erfüllte der Kritiker seine Aufgabe, er versuchte mich vor öffentlicher Schmach und familiärer Zurückweisung zu bewahren. Das Problem besteht darin, dass er nicht wieder verschwindet. Er ist wie eine gesprungene Schallplatte, die dieselbe Stelle ständig wiederholt. Immer wieder dieselbe Leier, als ob jeder weitere Ausrutscher wieder schlimme Folgen nach sich ziehen würde, sogar Jahrzehnte nach dem eigentlichen Vorfall, was natürlich nicht zutrifft.

Mein Vater lebt mittlerweile tausende Meilen entfernt und flucht wahrscheinlich mehr als ich. Doch sogar heute noch durchzuckt mich, wenn ich in der Öffentlichkeit fluche, das schlechte Gewissen und die unbewusste Sorge, dass der Hammer irgendeines Richters heruntersaust und mich schuldig spricht.

Der Kritiker lernt, die Urteile und Verurteilungen von anderen vorwegzunehmen – besonders die unserer Eltern, religiösen Führer, Lehrer, einflussreichen Freunde, Verwandten und anderer Autoritätspersonen. Um uns vor Zurechtweisung oder Schmach zu bewahren, internalisiert der Kritiker deren Regeln.

Wenn Sie dieses Prinzip in Aktion sehen wollen, schauen Sie einmal Kindern beim Spielen zu und achten Sie auf die verschiedenen Regeln, die sie sich gegenseitig auferlegen. Meistens wiederholen sie einfach die vielen Regeln und kulturellen Normen, die ihnen zu Hause oder in der

Schule beigebracht worden sind: einfache richtig-falsch Verhaltensregeln. Und wenn man gegen den Kodex verstößt, wird man bestraft oder zumindest aus der Gruppe oder dem Spiel ausgeschlossen.

Wir erleben auch heute noch, wie Jungen von Gleichaltrigen und Erwachsenen gehänselt und mit beschämenden Kommentaren bedacht werden, wenn sie sich weich oder verletzbar zeigen. Das erhält das stereotyp männliche, oder sogar machohafte Rollenbild aufrecht. Sie werden als Schwächling oder Weichei bezeichnet, wenn sie „weibliches" Verhalten an den Tag legen. Diese männlichen Jugendlichen wiederholen dann, was sie gehört und internalisiert haben, und geben es in ihrer Peergroup weiter, und später dann an die eigenen Kinder. So setzt sich der Zyklus der Scham- und Schuldgefühle von Generation zu Generation fort.

Auch Mädchen sind von diesem gesellschaftlichen Urteilen und den Schamgefühlen nicht ausgeschlossen. Vielleicht erleben sie sie sogar noch intensiver. Wie oft wird Mädchen gesagt, dass es nicht damenhaft oder unweiblich sei, Aggressionen zu zeigen oder sich durchzusetzen, und dass sie stattdessen großherzig und hilfsbereit sein sollten? Sheryl Sandberg[12], die Geschäftsführerin von Facebook, hat in ihrem Buch *Lean In* beobachtet, dass Mädchen, die früh natürliche Führungsqualitäten zeigen, oft als rechthaberisch beschimpft und dadurch in eine gesellschaftlich eher akzeptierte, weil weiblich-gefügige, Rolle zurückdrängt werden.

Wie stark das Bedürfnis nach Anpassung ist, zeigt sich vielleicht am stärksten in der Teenagerzeit, wo es essentiell ist, dazuzugehören und von seinen Altersgenossen akzeptiert zu werden. Es ist ein Alter, wo der innere Kritiker vernehmlicher und deutlicher in Erscheinung tritt, bisweilen sogar ausgesprochen grausam und demoralisierend. Der Suizid eines Jugendlichen ist wohl die extreme Folge von den niederschmetternden Demütigungen und Abstrafungen Seitens des Kritikers.

Ein wichtiger Punkt, den es zu bedenken gilt, ist, dass der Kritiker kein besonders ausgeklügelter Mechanismus ist. Das liegt zum Teil daran, dass er, wenn wir acht Jahren alt sind, schon fast vollständig entwickelt ist. Er operiert aus der Perspektive und mit der Stimme eines Kindes.

Deswegen hat er diesen simplen Blick und rigiden Kodex von gut und schlecht, richtig und falsch. Und das erklärt zum Teil auch, warum ein Argumentieren mit dem Kritiker nirgendwohin führt – der Kritiker ist unflexibel in seinem Denken und unfähig, Mehrdeutiges und Subtiles zu begreifen.

Wenn wir erwachsen sind, hat der Kritiker seinen Nutzen längst verloren. In unserer Jugend war er für die Psyche ein wesentliches Werkzeug, um uns anzupassen und den Strom unserer Neigungen und Affekte zu regulieren. Doch mit der Zeit entwickelt er sich zur Stimme unseres Gewissens, zur Autorität über Gut und Schlecht, und kann unsere Entscheidungen ganz erheblich beeinflussen. Und was noch schlimmer ist, er hat die Hybris zu meinen, er könne für uns entscheiden, ob wir der Liebe wert oder überhaupt ein guter Mensch sind.

Manche behaupten, der innere Kritiker entspringe unserem angeborenen Hang zur Negativität, der seine Wurzeln wiederum im Überlebenskampf hat. Unter evolutionären Gesichtspunkten sorgt unsere Fähigkeit zu erkennen, was falsch, problematisch oder gefährlich ist, für unser Überleben. Sie hilft uns, schlimme oder potenziell lebensbedrohliche Situationen in unserer Umgebung vorherzusehen und uns darauf vorzubereiten. Wenn sich diese Fähigkeit aber gegen uns selbst richtet, ist sie nicht unbedingt hilfreich. Denn wenn der Hang zur Negativität unseren eigenen Selbstwert herabsetzt, funktionieren wir weniger gut. Wir sind dann in einer schlechteren Position in Bezug auf äußere oder innere Herausforderungen, und jedes Gedeihen wird verhindert.

Für den Umgang mit dem Kritiker müssen wir daher viel Unterscheidungsvermögen und Weisheit mitbringen. Das bedeutet zum einen, den Wert und die Aufgabe des Kritikers in unserer Vergangenheit anzuerkennen, aber gleichzeitig auch ihn zu bremsen, wenn er in der Gegenwart nicht mehr hilfreich oder relevant ist.

ÜBUNG
Den Ursprung des Kritikers verstehen

Nehmen Sie sich Zeit, ob beim Tagebuchführen oder in stiller Meditation, um die Ursprünge Ihres eigenen Kritikers anzuschauen. Was hat ihn erzeugt? Wodurch wurde er ausgelöst? Überlegen Sie, ob Ihr Kritiker wie Autoritätspersonen aus Ihrer Vergangenheit klingt. Denken Sie über folgende Fragen nach:

- Klingen Ihre Urteile wie die Stimme Ihres Vaters oder Ihrer Mutter?
- Haben Ihre kritischen Gedanken einen religiösen Beigeschmack, vielleicht weil Sie in einem Glauben mit strengen Überzeugungen von Richtig und Falsch aufgewachsen sind und diese verinnerlicht haben?
- Wurden Sie von Geschwistern gehänselt, die es nicht gut mit Ihnen meinten?
- Wuchsen Sie bei Großeltern oder mit Kindermädchen auf, die strikte Meinungen darüber hatten, wie Sie zu sein hätten und was recht und anständig sei?
- Wurden Sie in Ihren Jugendjahren besonders stark von Ihren Altersgenossen und deren harten Regeln und Urteilen beeinflusst?
- Haben Ihre Urteile Sie geformt? Haben Sie, wenn Ihre Familie oder Erzieher hart, kritisierend und sich oder anderen gegenüber ablehnend waren, diese Haltung verinnerlicht und begonnen, deren Verhalten in Bezug auf sich selbst zu spiegeln?

- Inwiefern könnte Ihr urteilender Verstand sich ursprünglich entwickelt haben, um Ihnen zu helfen, sich der Familienstruktur und Kultur, in der Sie aufwuchsen, anzupassen? Vielleicht diente er dazu, diejenigen Impulse, Energien und Reaktionen in Schach zu halten, die Ihnen von Ihren Erziehern Ablehnung oder Vorwürfe eingebracht hätten. Oder hat er Emotionen, die in der Familie nicht gutgeheißen wurden, etwa Trauer oder Wut, einfach unterdrückt?

Da wir soziale Wesen sind, ist unser Bedürfnis nach Liebe und Zuneigung von größter Bedeutung, und der Kritiker hat zumindest am Anfang das Seinige dazu beigetragen, damit wir in Harmonie und im Fluss der Verbindung blieben. Wir sollten daher nicht über den Kritiker richten, sondern lieber Mitgefühl entwickeln mit der Notlage, aus der er entstanden ist, nämlich aus dem tiefen Bedürfnis, geliebt und umsorgt zu sein. Gleichzeitig können wir erkennen, wieso der Kritiker so erstarkt ist – er ist im frühen Alter zu unserem Selbstschutz entstanden und hat die neuronalen Verknüpfungen etabliert, die sich mit den Jahren immer mehr verfestigt haben.

KAPITEL SIEBEN

ZUR VERTEIDIGUNG DES KRITIKERS

Die Perspektive des Kritikers verstehen

Schreibe wie immer du willst, der Kritiker zeigt der Welt, dass du es besser gemacht haben könntest.

OLIVER GOLDSMITH

So schlecht, wie wir uns angesichts des Kritikers häufig auch fühlen: Was, wenn er Recht hat? Was, wenn wir ihn brauchen, um zu funktionieren, zu überleben und um keine Demütigungen und keinen Liebesverlust zu riskieren? Was, wenn zwischen den kalten, harten Urteilen ein Körnchen tiefer Wahrheit steckt, die wir beherzigen müssen?

Einige Denkrichtungen haben tatsächlich einen wohlwollenderen Blick auf den Kritiker. Es gibt das psychotherapeutische Modell des „Inneren Familien-Systems", das dazu anregt, die verschiedenen, in unserem Erleben vorhandenen Stimmen und Unterpersönlichkeiten – einschließlich des Kritikers, des Managers, der verbannten Aspekte usw. – zu verstehen. Diese Therapieform beruht darauf, die Bedürfnisse, Ängste und Perspektiven unserer Unterpersönlichkeiten zu identifizieren und mit ihnen zu arbeiten, ebenso wie mit den jeweiligen Emotionen und Geschichten dahinter. Es geht darum, sie zu verstehen und zu integrieren und dadurch bessere Wege zu finden, mit ihnen umzugehen. Das bringt uns mehr Geschick im Umgang mit dem Kritiker, eine Methode, die nicht destruktiv ist, sondern einen offenen und konstruktiven Dialog mit dieser Stimme und ihrer Perspektive erlaubt.

In ähnlicher Weise beruht der psychotherapeutische Ansatz des Stimmendialogs darauf, dass unsere Gedankenwelt zahlreiche Stimmen oder Unterpersönlichkeiten enthält. Diesem Ansatz zufolge ist der Kritiker ein irregeleiteter, manchmal schädlicher Verbündeter, der eigentlich nur zu helfen versucht, dessen Botschaft jedoch verzerrt ist. Wir brauchen Geduld mit ihm, wenn wir mit ihm ins Gespräch kommen und seinen Standpunkt und seine Argumente verstehen wollen.

Solche psychotherapeutischen Richtungen ermutigen uns, die Worte des Kritikers auf das Körnchen Wahrheit darin zu untersuchen und herauszufinden, was an seiner Botschaft nützlich ist, aber auch die Angst und Verletzlichkeit zu spüren, die der Kritiker schützen will. Diese Richtungen der Psychologie gehen davon aus, dass der Kritiker versucht, uns zu helfen oder zu beschützen, allerdings auf eine verzerrte, dysfunktionale Weise, und dass wir ihn in einen hilfreichen Verbündeten umwandeln können, wenn wir mit ihm vernünftig, klar und verständnisvoll reden.

Es gibt seine Perspektive aus gutem Grund. Als wir klein waren, war der Kritiker die Instanz, die auf alles aufpasste, was uns verletzen oder kränken, tadeln, lächerlich machen oder ablehnen könnte. Jener Teil in unserem Ego suchte nach dem Sinn all der Regeln in der Familie, unter Kollegen, Freunden, in der Religion und der Schule. Er wollte dazugehören und gemocht werden, anstatt in Ungnade zu fallen, oder, noch schlimmer, die Liebe und Zuwendung der Bezugspersonen zu verlieren. Deshalb brachte der Kritiker uns schleunigst bei, was zu tun oder nicht zu tun war, um zu überleben. Das war absolut notwendig.

Das Problem ist, dass der Kritiker keine Ahnung hat, wie oder wo er aufhören muss. Im Grunde hat er sein Haltbarkeitsdatum längst überschritten. Sobald wir einmal herausgefunden haben, wie wir durch die elementaren Gesellschaftsregeln und Normen navigieren können und sobald wir alt genug sind, um auf uns selbst aufzupassen, brauchen wir keine scharfe Stimme mehr, die uns bei jeder Bewegung maßregelt. Wir sind in der Lage, mit Vernunft, Nachdenken und Mitgefühl die Herausforderungen des Lebens zu meistern.

Ab einem gewissen Alter ist es nicht länger lebensentscheidend, wenn wir jemanden verärgern oder aufregen, weil wir etwas sagen oder tun oder heftige Emotionen zeigen. Das war so, als wir klein waren und unser Überleben von anderen abhing. Jetzt, mit zunehmendem Alter, können wir ganz anders damit umgehen. Wir brauchen uns nicht mehr nach denselben strengen Regeln zu richten, die wir als Kind zum Überleben befolgen mussten.

Doch leider fehlt dem Kritiker die Weisheit, das einzusehen. Die neuronalen Verbindungen des Urteilens sind so fest in uns verankert, dass sie uns zur zweiten Natur geworden sind. Sie funktionieren einfach immer weiter. Tatsächlich werden sie häufig sogar noch umfangreicher, wenn wir älter werden. Und worauf uns die Neuroplastizität hinweist: Je mehr wir auf den Kritiker hören, umso mehr setzt er sich fest. Je mehr Beachtung wir ihm schenken, umso gewaltiger wirkt er. Wir werden zu dem, was wir praktizieren. Wenn wir ein Leben lang der Gewohnheit frönen, dem Kritiker Glauben zu schenken und seiner Autorität zu folgen, wird er viel Macht über uns haben.

Aus dem Standpunkt des Kritikers nützliche Informationen heraushören zu wollen, ist etwa so, wie von einer gesprungenen Schallplatte neue Musik zu erwarten. Wenn wir auf zehn verschiedene Arten das Gleiche gesagt bekommen, welchen Wert hat es, das Ganze mehrmals anzuhören?

Nichtsdestotrotz kann der Kritiker auf unserer Suche nach Antworten zu den Ursprüngen bestimmter Gedanken, Ansichten, Urteile und Verhaltensweisen eine echte Goldgrube sein. Eine nützliche Fragestellung, sobald das Urteilen abläuft, ist: „Was geht hier wirklich vor sich?“ Es ist wichtig, die tatsächlichen Daten, die faktischen Gegebenheiten der

Situation zu klären. Dafür hilft es zu erforschen, was auf einer tieferen Ebene vor sich geht. Auf was könnte der Kritiker gerade reagieren und was will er irrtümlicherweise abwehren oder angreifen?

Ein Beispiel, das einige Jahre zurückliegt: Ich fahre im Auto über die Golden Gate Bridge, während ich gedanklich mit meinen Angelegenheiten beschäftigt. Anstatt den atemberaubenden Blick auf die Skyline von San Francisco zu genießen, höre ich meinen Kritiker darauf herumreiten, dass ich mich nicht ordentlich ums Geschäft kümmere und ständig die Dinge schleifen lasse. Während das so weitergeht, frage ich mich: „Was geht hier vor? Wo kam das jetzt her? Warum ist mein Kritiker gerade jetzt so aufgebracht und verdirbt mir diese wundervolle Fahrt?"

Und dann kapiere ich. Ich sehe die „Kontrolllampe" auf meinem Armaturenbrett leuchten, was mich daran erinnert, dass seit über einem Monat ein Ölwechsel ansteht. Ich sehe auch, dass ich den Scheibenwischer hinten nicht ausgetauscht habe, der nun einen hübsch geschwungenen Bogen aufs Rückfenster schabt – das allein könnte reichen, dem Kommentar des Kritikers Gehör zu schenken.

Doch ich bin mir auch noch bewusst, dass ich zum Flughafen fahre, um meinen neuen Geschäftspartner abzuholen, der sehr erfolgreich ist, Autos liebt und seinen BMW tadellos in Schuss hält. Urplötzlich befinde ich mich in der Falle des Vergleichens. Ich möchte, dass mein Partner gut von mir denkt, besonders deswegen, weil wir uns auf ein gemeinsames Projekt einlassen wollen. Nun bin ich besorgt, er könnte den Zustand meines Autos und meinen Mangel an Achtsamkeit gegenüber automobilen Details als ein typisches Zeichen dafür nehmen, dass ich nicht zuverlässig bin.

Die alten Warnsignale gehen unbewusst an und mein Kritiker schilt mich in der Hoffnung, dass ich doch wirklich etwas in punkto Autowartung unternehmen möge, damit ich einen verlässlicheren Eindruck mache.

Was der Kritiker nicht versteht, ist, dass seine Schlussfolgerungen nicht unbedingt logisch sind. Meine irrationalen Befürchtungen, was dem Kollegen der Zustand meines Autos bedeuten könnte – womöglich sind sie genau das, einfach irrationale Ängste. Höchstwahrscheinlich bemerkt er meine Öllampe oder den Scheibenwischer gar nicht.

Das Zweite, und vielleicht viel Wichtigere in diesem Zusammenhang ist, dass mich die zornigen Attacken des Kritikers mich schlecht fühlen lassen und vielleicht obendrein ein bisschen dumm. Letzteres wegen der Einsicht, dass ein Ölwechsel keine höhere Mathematik ist. Ich merke, wie mich ein Gefühl der Überforderung überkommt, auch angesichts all der anderen Dinge, die ich in meinem geschäftigen Leben unerledigt lasse. Doch solche Gedanken und Gefühle motivieren kaum zum Handeln, auch nicht zur Autowartung. Unterm Strich fühlt man sich eher wie ein hoffnungsloser Fall, da man, jedenfalls dem Kritiker zufolge, nicht einmal die einfachsten Dinge auf die Reihe kriegt. In mir hinterlässt so etwas eine lähmende Trägheit und das Gefühl, einfach aufgeben zu wollen. Ganz nach dem Motto: „Ach, wozu das Ganze?"

Nun ist meine große Unzulänglichkeit – dass ich nicht gut genug organisiert bin, nichts auf die Reihe kriege – also klar zu Tage getreten und unter Beweis gestellt worden. Selbst wenn ich das Auto nun tatsächlich in Ordnung bringe, spielt das keine Rolle mehr, da meine wahre Natur dem Kritiker zufolge mit Makeln behaftet ist. Was der vielleicht gut gemeint hat (damit ich den Respekt meines Kollegen nicht verliere), wird zu einem Urteil über den Wert meiner Person, was wiederum jede positive, vorwärtsstrebende Energie im Keim erstickt.

Wie Sie sehen, ist so ein Ansatz zum Scheitern verurteilt. Sie könnten sagen, der Kritiker gehe als Sieger aus dem Spiel hervor, wenn es darum geht, dass der Recht hat, der am lautesten schreit. Aber er hat nur Recht, wenn ich seine Macht und hochmütige Autorität zulasse. Und natürlich erweist sich dieser Sieg als hohl, wenn das, was der Kritiker schützen soll, nämlich mich, hinterher noch weniger zufrieden oder motiviert ist als vor seinen Attacken.

Wir brauchen offensichtlich eine andere Strategie. Es ist wichtig, herauszufinden, welche Ängste, Verletzlichkeiten und anderen Emotionen den Kritiker antreiben, damit wir begreifen, was hinter seinen Urteilen steckt. Erst dann können wir effektive Strategien entwickeln, um seine Attacken abzuwiegeln, mit ihnen geschickter umzugehen und uns dabei unabhängiger und wohler fühlen.

ÜBUNG

Die Wahrheit zutage fördern

Bei dieser Übung werden Sie so etwas wie ein Gesellschafts-Archäologe, der nach den Ursachen hinter beziehungsweise unter einem bestimmten Urteil gräbt. Das erfordert, einiges aufzuschreiben und zu reflektieren. Schreiben Sie in zwei Spalten. In die erste kommt eins Ihrer üblichen Selbsturteile und in die zweite tragen Sie ein, was hinter diesem speziellen Kritikpunkt liegt. Tun Sie das mit einigen der Vorwürfen, die Sie am häufigsten zu hören bekommen.

Beispielsweise könnte eine Stimme sagen: „Du wirst nie etwas Anständiges aus deinem Leben machen". Schreiben Sie diesen Satz in die erste Spalte. Dann denken Sie darüber nach, wo so ein vernichtender Schlag gegen Ihr Potenzial herrühren könnte. Schreiben Sie in die zweite Spalte, was hinter dem Urteil stecken mag. Vielleicht ist es die Befürchtung, dass Sie Ihre Karriere nicht so gestalten werden, wie Sie es gerne hätten. Vielleicht stammt das Urteil von Vergleichen mit Ihren Geschwistern, die erfolgreicher oder wohlhabender sind. Vielleicht stammen die Zweifel aus vergangenen Lebensphasen, in denen Ihnen Organisationstalent oder Elan fehlte.

Manchmal greift die Stimme des Kritikers auch einfach etwas auf, das Ihnen zuvor an den Kopf geworfen wurde. Wenn sich zum Beispiel Ihre entnervten Eltern darüber aufregten, weil Sie sich nicht ordentlich auf die Prüfungen in der Schule vorbereiteten. Oder weil Sie bei dem Gedanken an Ihre Eltern das Gefühl beschleicht, dass diese aus ihrem Leben nichts Rechtes gemacht hätten, und die Sorge in Ihnen aufsteigt, dass Ihnen das Gleiche passieren könnte.

Wenn Sie tiefer graben, könnten Sie weitere Schichten der Verletzlichkeit in sich freilegen. Vielleicht sind Sie in Ihren Vierzigern oder Fünfzigern und sorgen sich, dass Sie, wenn Sie sich nicht mehr anstrengen, im Alter in finanzielle Nöte geraten und niemanden haben, der sich dann um Sie kümmern wird.

Zuweilen ist die Stimme des Richters nur eine alte Gewohnheit, so wie ein Kniesehnenreflex. Etwa, wenn Sie eine Schranktür öffnen und Mengen alter Kleider, Bücher und Schachteln sehen, die nicht aufgeräumt sind. Automatisch hadern Sie mit sich, weil Sie es nicht schaffen, Ordnung zu halten. Oder vielleicht löst ein vollgestopfter Abstellraum Gedanken an all die anderen Situationen in Ihrem Leben wach, die nach mehr Ordnung und mehr Aufmerksamkeit verlangen. In solchen Momenten fühlen wir uns schnell überwältigt, und dann kommt es zu der inneren Verurteilung als Abwehr gegen eine Flutwelle von Emotionen.

Achten Sie nicht zuletzt auch hier auf das Körnchen Wahrheit, das in der jeweiligen Situation stecken könnte. Vielleicht spiegelt der Kritiker Ihre aufrichtige Absicht, ordentlicher zu werden. Er kann auch ein Zeichen dafür sein, dass Sie konkrete Schritte unternehmen sollten, um sich besser zu organisieren und entsprechende Hilfe in Anspruch zu nehmen oder mehr Zeit in solche Belange zu investieren.

Nachdem Sie einige Urteile und ihre möglichen Ursachen notiert haben, fragen Sie sich, ob Ihnen das hilft, die Situation insgesamt besser zu verstehen. Nimmt die Betrachtung der größeren Zusammenhänge dem Kritiker den Stachel? Zeigt sie Ihnen neue Wege auf, wie Sie den Teufelskreis der Kritik durchbrechen und das angehen können, worauf er hinweist? Am allerwichtigsten ist die Frage, inwieweit diese Betrachtungsweise Sie dazu bringt, sich selbst mehr Mitgefühl entgegenzubringen, statt sich zu verurteilen – nun, nachdem Sie die Herkunft der harten, kritischen Worte besser verstehen?

KAPITEL ACHT

VOM URTEIL ZUR UNTERSCHEIDUNG

Falschverstandene Loyalität zum Kritiker

Ich muss erst noch den Menschen finden, wie hochrangig seine Position auch sein mag, der in einem Klima der Zustimmung nicht besser arbeiten und sich stärker bemühen würde als in einem Klima der Kritik.

CHARLES SCHWAB

Kennen Sie das Gefühl, Sie würden ohne Ihren inneren Kritiker morgens nicht aus dem Bett kommen, kaum je Ihr Haus putzen, womöglich gar nicht arbeiten oder nicht einmal mehr duschen? Ähnliche Geschichten habe ich tausendmal gehört. Viele Menschen meinen, dass sie, wenn die Ermahnungen des Kritikers ausblieben, zu faulenzenden, nichtsnutzigen Chaoten würden. Sie vermuten, dass sie ohne die steuernde Kritik nichts getan bekämen, dass sie die kläffende Stimme brauchen, um nach draußen zu gehen, sich zu motivieren und zu funktionieren.

Ich antworte ihnen dann, dass es weitaus freundlichere, schonendere und inspirierende Möglichkeiten gibt, uns selbst zu motivieren als mit der Peitsche oder der Drohung, sich lächerlich zu machen. Zahlreiche

Management-Studien belegen, dass Menschen viel motivierter und engagierter sind, wenn jemand sie inspiriert, sie positiv anspornt zu dem, was möglich ist, anstatt auf Fehlern und Schwächen herumzureiten. Wir müssen mit dem verbunden sein, was uns etwas bedeutet und Sinn gibt, mit unseren Zielen und Werten. Wir müssen uns an dem, was möglich ist, orientieren, anstatt uns auf die Negativszenarien des Kritikers zu fixieren.

Dieselben Menschen behaupten, dass sie unfähig seien, weise und fundierte Entscheidungen oder eine moralisch-ethische Wahl zu treffen, wenn der richtenden Kritiker ihnen nicht melde, was rechtens und was falsch ist. Ähnlich witzelt ein geistreicher Anwalt, mit dem ich arbeite und der es in kurzer Zeit zum Partner in seiner Kanzlei geschafft hat, dass er ohne seinen Kritiker und dessen scharfe, pointierte Urteile verloren wäre, da ihn dann all die anderen scharfsinnig urteilenden Juristen ausstechen würden.

Lassen Sie uns die Themen einzeln durchgehen, beginnend mit den ethischen Entscheidungen. Wie zuvor erwähnt, ist der Kritiker ein grober mentaler Mechanismus, der eine sehr vereinfachte Sicht auf die Welt und auf Richtig und Falsch hat. Er ist in seiner Entwicklung ungefähr so komplex wie das acht Jahre alte Gehirn, das ihn hervorgebracht hat.

Wir dürfen nicht vergessen, dass wir alle viele verschiedene Möglichkeiten haben, wie wir mit einem ethischen Dilemma umgehen können. Wir brauchen nicht die allzu simplen Ansichten und Ratschläge unseres Kritikers zu befolgen. Wir alle haben einen moralischen Kompass, ein Gewissen, auf das wir hören können und das bei weitem nicht so engstirnig tickt wie unsere vorverurteilender Verstand.

Manchmal können wir auch unserem Herzen vertrauen. Es sagt uns, was sich gütig und fair anfühlt und was sich gemein, selbstsüchtig oder grausam anfühlt. In anderen Situationen können wir in ähnlicher Weise auf unseren Bauch, auf unsere Intuition hören. Wir können einem ethischen Problem aber auch mit Vernunft begegnen. Wissend, dass Handlungen Folgen haben, erwägen wir die Auswirkungen, die unser Verhalten auf andere hat. Wir können auch unser Empathievermögen zum Zug kommen lassen, uns in die Lage anderer versetzen und uns an die Maxime halten, unsere Mitmenschen so zu behandeln, wie wir selbst behandelt werden möchten.

Wenn wir nicht mehr am Haken des simplifizierenden Kritikers mit dem moralischen Zeigefinger hängen, können wir erforschen, warum unser Handeln manchmal nicht sonderlich geschickt oder nützlich ist. Beispielsweise arbeitete ich mit einer Klientin, einer Schottin Mitte Dreißig, die, obwohl glücklich verheiratet, gern Affären mit älteren Männern hatte. Sie schämte sich furchtbar, dass sie ihre Gefühle so auslebte, war aber unfähig, damit aufzuhören. Nicht genug damit, dass sie nicht die Kraft hatte, es zu unterlassen und daher befürchtete, ihre Ehe könne in die Brüche gehen, sondern obendrein attackierte sie der innere Kritiker aufs Heftigste, indem er sie als schlecht, unwürdig und unmoralisch abstempelte.

Diese Art der nach innen gerichteten Aggression tötet jeden Impuls der Selbsterforschung, etwa wenn wir verstehen wollen, warum wir uns und anderen so schmerzliche Dinge antun. Erst als die Frau fähig wurde, einen Abstand zwischen sich und den Beschimpfungen ihres Kritikers zu schaffen, konnte sie untersuchen, was sie dazu gebracht hatte, Liebe und Zuneigung außerhalb ihrer Ehe zu suchen. Sie verstand, wie sie ihr eigenes negatives Selbstbild auf ihren Partner projizierte, in der Annahme, dass er ihr gegenüber dieselben strengen, abwertenden Gefühle hegte. Da sie mit ihm nicht darüber reden konnte, wurde sie in der Spirale ihrer Negativsicht auf sich selbst immer weiter nach unten gezogen. Dieses Abrutschen in den Selbsthass veranlasste sie immer wieder aufs Neue, nach Bestätigung außerhalb ihrer Beziehung zu suchen. Der Hunger nach Aufmerksamkeit und Bestätigung übte den inneren Druck aus, den sie dann wider besseres Wissen sexuell auslebte.

Wir haben immer die Macht, aus solchen Teufelskreisen auszuscheren. Der innere Kritiker allerdings, entgegen seinem Anspruch, uns zu helfen und uns durch solche Bereiche zu lotsen, bewirkt nur, dass wir uns noch schlechter fühlen. Er hemmt jedes innere Nachforschen und Verstehen, das nötig wäre, um das ungesunde Muster zu beenden.

In ähnlicher Weise loyal gegenüber unserem Kritiker verhalten wir uns, wenn wir glauben, ohne sein strenges Urteil in unserer Arbeit nicht unser Bestes geben zu können. Schließlich verlangen viele Berufe – von der Notfallkrankenschwester bis zum Polizeibeamten oder Börsenmakler – uns die Fähigkeit ab, kritisch zu sein. Es wird oft gesagt, dass der Erfolg der Arbeit von schnellen Urteilen abhänge und dass man ohne den Kritiker hinter die Kollegen zurückfalle.

Hier ist der Schüssel zum Umgang mit dem Kritiker der Unterschied zwischen Unterscheiden (als notwendige Fähigkeit) und negativem Urteilen (als ungesunde Gewohnheit). Wenn wir den Kritiker ignorieren, werfen wir unsere Fähigkeit zur Einschätzung der Lage noch lange nicht über Bord. Im Gegenteil, wir steigern sie. Das Unterscheidungsvermögen ist klar und lässt Raum für Weitsicht, wohingegen das Fällen von Urteilen (in dem hier in diesem Buch gemeinten Sinn) reaktionär und engstirnig ist. Der Richter pfropft unserer Wahrnehmung eine wertgeladene Qualität auf. Diese ist jedoch oft unnötig und impliziert, wenn sie sich gegen uns selbst richtet, einen Angriff auf unseren Wert als Mensch.

Nehmen Sie beispielsweise Ihr Sport- oder Fitnessprogramm. Wie wir alle wissen, sind gute Absichten leicht gefasst, etwa zu Neujahr, wenn wir uns vornehmen, mehr für den Körper zu tun. Doch solch edle Vorsätze bleiben schnell auf der Strecke, meist ist das Fitnesscenter schon im Februar oder spätestens im März zu einer blassen Erinnerung geworden. Falls Sie tatsächlich Ihr Training abbrechen und dann wieder zunehmen und schwerfälliger werden, liegt objektiv betrachtet die Schlussfolgerung nahe, dass Ihr Sportprogramm so nicht funktioniert. Das sind die leicht erkennbaren Rohdaten. Der Zensor hingegen schaut nicht nur auf die Daten, sondern macht daraus ein wertegeladenes Urteil, einen Angriff auf Ihren Selbstwert: „Du bist so faul! Ein echter Waschlappen! So bringst du deinen Körper nie in Form und überhaupt!" und so weiter.

Es ist hier offensichtlich, dass Sie die zusätzlichen Kommentare des inneren Kritikers nicht brauchen, um die Effektivität Ihres Trainingsprogramms einzuschätzen. Seine abfällige Kritik an Ihrem neuerlichen

Scheitern in Sachen Sport führt wohl eher dazu, dass Sie die Hoffnung aufgeben und ab jetzt einen großen Bogen um die Sporthalle oder das Fitnesscenter machen. Der Kritiker hackt auch auf all den früheren Vorsätzen herum, die keine Früchte trugen. „Wozu überhaupt so etwas anfangen?“ sagt er, als ob er einen weisen Rat anbietet. Am Ende fühlt es sich so an, als ob Sie schon versagt haben, bevor Sie überhaupt beginnen.

Der Unterschied zwischen Unterscheiden und Urteilen macht sich auch in zwischenmenschlicher Hinsicht bemerkbar. Allzu oft lassen wir uns zu kritischen Urteilen über andere hinreißen. Unser Blick geht durch die plumpe Linse des Zensors. Wie schnell tappen wir in die Falle, eine Person wegen ihrer politischen Ansichten, ihrer Art, sich zu kleiden, ihrer Lebensart oder ihrer Kindererziehung zu verurteilen? Dann geht es nicht einfach um das Unterscheiden von bestimmten Handlungen, sondern um ein Urteil über die Person als Menschen. Der urteilende Verstand ist schnell dabei, jemandem die geringste Kleinigkeit vorzuwerfen. Und natürlich, wenn wir mit anderen so umgehen, gehen wir auch mit uns selbst so um. Wir müssen uns fragen: „Ist das ein Verhaltensmuster, dass ich beibehalten oder gar stärken will?“

Auch die Arbeitsstelle ist ein Ort, wo wir den Unterschied zwischen Urteilen und Unterscheidungen gut beobachten können, besonders wenn wir für Mitarbeiter verantwortlich sind und deren Stärken erkennen müssen, also einen Blick haben müssen für die Bereiche, die für ihre Entfaltung wichtig sind. Wenn Sie unter einem strengen Chef gearbeitet haben, wissen Sie, dass seine Verurteilungen Sie kaum je zu besseren Leistungen angespornt haben. Die Motivation durch Angst oder Scham ist langfristig nie eine gute Wahl in der Personalführung, weder bei der Einstellung noch beim Arbeitsplatzerhalt, und erst recht nicht im Bereich Kreativität! Ein Direktor oder Manager ist dann effektiv, wenn er emotionale Intelligenz besitzt, wenn er die Stärken und Schwächen in seinen Teams einschätzen kann und wenn er nicht versucht, deren Entfaltung durch Abmahnungen oder schlechte Bewertungen zu fördern, sondern durch Feedback, Ermutigung und konstruktive Kritik.

Wie immer können wir diese Einsicht auch auf uns selbst übertragen. Wir können lernen, zu unterscheiden anstatt zu (ver)urteilen. Wir können das Gerümpel in unserer Garage anschauen und einfach zu dem Schluss kommen, dass hier ein bisschen Aufräumen oder eine Grundreinigung angesagt ist. Das ist nicht dasselbe wie uns selbst für unsere Unordnung zu verurteilen. Wenn das Auto schmutzig ist, sagt das noch lange nichts über unseren Wert als Mensch aus. Es bedeutet lediglich, dass uns vielleicht nicht so viel an dem Auto und seinem Aussehen liegt, sondern es uns schlichtweg nur zur Fortbewegung dient. Oder wir haben einfach andere Prioritäten und zu viel Anderes zu tun.

ÜBUNG

Urteile durch Unterscheidungen ersetzen

Finden Sie ein paar praktische Dinge oder organisatorische Aufgaben in Ihrem Leben, die für Sie ein Problem darstellen oder die Ihre Aufmerksamkeit brauchen. Es könnte so etwas Einfaches sein wie Gerümpel in der Garage, vollgestopfte Schränke, Papier- und Rechnungsstapel auf dem Schreibtisch, ein mit Unkraut zugewucherter Garten oder ähnliche Unordnung, die aufgeräumt werden sollte. Nun denken Sie über folgende Fragen nach:

- Stammen Ihre Urteile über diese Dinge aus der Vergangenheit?
- Führen diese Dinge dazu, dass Sie sich selbst kritisch sehen?
- Implizieren diese Urteile, dass Sie ein schlechter oder weniger wertvoller Mensch sind?
- Wie fühlen Sie sich mit den Urteilen?
- Beeinträchtigen die Urteile Ihre Fähigkeit, effektiv zu handeln oder die Situation und die nächsten Schritte klar zu sehen?

- Erlaubt Ihnen das Unterscheiden im Gegensatz zum Urteilen, die Situation freier, mit mehr Abstand zu betrachten und nicht in Selbstkritik zu versinken? So dass Sie am Ende keine Schlussfolgerungen darüber ziehen müssen, was das alles über Sie als Mensch aussagt?
- Erlaubt das Unterscheiden Ihnen, diese Dinge neutraler, sachlicher zu betrachten – einfach als Verrichtungen, die man erledigt, als Probleme, die man beachtet, als Situationen, die man handhabt, oder als Aufgaben, bei denen man sich vielleicht Hilfe holt?

Erkennen Sie den Unterschied in der Herangehensweise, ob man einer Situation mit Urteilen oder mit Unterscheidungsvermögen begegnet? Wir wechseln im Leben häufig zwischen beiden Perspektiven hin und her. Unsere Aufgabe besteht nun darin, die Urteile zu bemerken und dann unsere Fähigkeit zur Unterscheidung einzusetzen. Wir unterscheiden sachbezogen nach der Situation und den erforderlichen Handlungsweisen. Beobachten Sie die Situation und dann die Reaktionen, Urteile oder Beschimpfungen von Seiten des Kritikers. Und dann hören Sie auf, auf den Kritiker zu hören und benutzen Ihren Sachverstand, um zu entscheiden, was nötig ist. Indem Sie das tun, setzen Sie das Potenzial Ihres Unterscheidungsvermögens frei.

TEIL II

DIE SELBSTVERURTEILUNG VERSTEHEN

KAPITEL NEUN

„ES GEHT UM *DICH*, DU TROTTEL!“

Wie der Kritiker den Selbstwert angreift

Eine gute Rezension von den Kritikern ist nur ein weiterer Aufschub der Hinrichtung.

DUSTIN HOFFMAN

Das Hauptproblem mit dem inneren Kritiker besteht darin, dass er unsere Selbstachtung und unser Selbstwertgefühl angreift. Deshalb ist die Beschäftigung mit ihm auch so wichtig. Das mag nicht so auf der Hand liegen, deshalb möchte ich es anhand einer Geschichte verdeutlichen, die mir ein Meditationsschüler erzählt hat:

Es ist Freitagabend und Alex bereitet sich vor, um auf die Party zum vierzigsten Geburtstag seines guten Freundes Josh zu gehen. Obwohl ihm sein Freund sehr am Herzen liegt, hat Alex es bis zur letzten Minute aufgeschoben, ihm ein Geschenk zu besorgen. Also rennt er nun herum, steckt im Berufsverkehr in der Innenstadt von Manhattan fest und hadert mit sich, warum er das Geschenk nicht früher besorgt hat. Den Stress in den letzten Minuten rechtfertigt er damit, dass dieser besondere Freund es ihm wert sei. Und außerdem damit, wie schrecklich es wäre, wenn er mit leeren Händen zur Party käme!

Das einzige, was Josh sich gewünscht hat, ist ein bestimmter Golfschläger. Unglücklicherweise ist dieser im Golfladen ausverkauft, und die neue Ware kommt erst in einer Woche. Alex wirft sich vor, sich nicht früher darum gekümmert zu haben, schließlich hat Josh ja genau gesagt, was er sich wünscht, und Alex weiß, dass er keine anderen Wünsche hat. Es gibt keine zweitbeste Option.

Also bestellt Alex diesen Golfschläger, denkt sich eine gute Ausrede aus und fährt nach Hause, um sich fertig zu machen. Er schaut noch einmal auf der Einladung nach, wo die Party genau stattfindet und muss zu seinem großen Erstaunen feststellen, dass Josh an einem Donnerstag Geburtstag hatte und die Feier schon am Vorabend stattgefunden hat!

Sie können sich die Szene in seinem Kopf ausmalen. Alex hat nicht nur die Sache mit dem Geschenk vergeigt, sondern, schlimmer noch, die wichtige Feier verpasst. Und all das, weil er sich nicht die Zeit genommen hat, die Einladung sorgfältig zu lesen oder im Kalender vorzumerken. Er fühlt sich bereits schlecht, weil er nicht mit seinem Freund dessen Geburtstag feiern konnte, doch damit nicht genug, kommt nun der Kritiker auf Touren. Eine ideale Gelegenheit für ihn, um auf der Bühne zu erscheinen.

Kaum hat Alex also seinen Irrtum bemerkt, setzen auch schon die Urteile ein, schnell und vernichtend. Als erstes nimmt der Kritiker sich die mangelnde Planung vor. „Warum hast du die Einladung nicht aufmerksam gelesen und dir das richtige Datum eintragen?“ fragt er. Dann führt er wie zum Beweis weiteres belastendes Material für Situationen an, in denen Alex etwas vermasselt hat. All die anderen vergessenen Geburtstage, die verpassten Hochzeitsjubiläen, die Male, wo er zu spät zu einem Treffen kam oder einen Flug verpasste. Plötzlich fühlt sich Alex wie ein hoffnungsloser Fall, ein Versager, der sich nicht einmal die Schuhe binden kann. Der Kritiker erhebt den Einzelfall zur Norm und Alex fühlt sich ganz erbärmlich.

Es ist wichtig zu verstehen, dass die Attacke nicht nur eine Kritik an seiner Leistung ist, sondern unterstellt, er sei ein schlechter und wertloser Mensch. Und der Kritiker macht hier noch nicht Halt. Er stellt auch seinen Wert als Freund in Frage: „Wie konntest du einen so bedeutenden Tag deines besten Freundes verpassen!?“ Dann weitert er den Angriff noch aus: Ist ihm die Freundschaft wirklich so viel wert, wie er vorgibt? Ist er wirklich für seine Freunde da, wenn er so einen wichtigen Termin vergisst? Lebt er nicht zu sehr in seiner eigenen Welt, mit seinen eigenen selbstsüchtigen Interessen? Würde ein echter Freund nicht erscheinen, komme, was da wolle!? Basiert Freundschaft nicht auf gemeinsamen Erinnerungen und Erfahrungen?

Sie können sich ausmalen, wie Alex sich inzwischen fühlt. Der doppelte Tiefschlag, sowohl die Kritik, planlos zu sein, als auch der Vorwurf, als Freund nicht zu taugen, lässt Alex im Schlamm versinken. Der Richter könnte nun auch noch die Vergangenheit hinzuziehen, etwa: „Du hast noch nie richtig auf Details geachtet und man kann dir nicht trauen. Denk nur an die vielen Dinge, die du schon alle vergeigt hast. Du bist grundsätzlich unzuverlässig. Und das geht nun schon so lange so, da wird sich nie was ändern. Man wird sich nie auf dich verlassen können. Du bist einfach ein hoffnungsloser Fall. Ein Wunder, dass du überhaupt noch Freunde hast. Denk an die vielen anderen Male, wo du Leute im Stich gelassen hast.“

Was als einfacher Fehler im Terminkalender begann, der jedem von uns bei unserem vollen Leben und den ständigen Ablenkungen passieren kann, wächst sich bei Alex zu einem regelrechten Anschlag auf sein Herz und seine Seele aus. Es ist völlig in Ordnung, wenn wir gelegentlich auf unsere Irrtümer hingewiesen werden und konstruktive Kritik bekommen, um in Zukunft etwas besser zu machen. Wenn der Kritiker aber unseren Wert als Mensch angreift, ist das von einer völlig anderen Größenordnung.

Pädagogen und Entwicklungspsychologen wissen seit langem, wie wichtig es ist, bei Kritik die Person von der Handlung oder Sache zu trennen. Das ist der wesentliche Unterschied zwischen personenbezogenem und sach- oder prozessbezogenem Kritisieren oder Loben. Wenn wir einem Kind sagen, es sei schlecht oder böse, weil es die Schule geschwänzt oder die Hausaufgaben nicht gemacht hat, lassen wir diese wichtige Regel, Handlung und Person auseinanderzuhalten, außer Acht. Das Kind verinnerlicht die Vorstellung, es sei *an sich* schlecht oder böse und versteht nicht, dass nur eine seiner Handlungen auf dem Prüfstand steht.

Anstatt unseren Kindern zu sagen, ob sie gerade gute, artige Jungen und Mädchen sind, müssen wir ihre Taten und das, was und wer sie sind, auseinanderzuhalten. Wir können sie dafür loben, wenn sie gut lernen, oder gut im Sport sind, oder dafür, dass sie nicht vergessen, „Bitte" und „Danke" zu sagen. Aber das ist nicht dasselbe, wie ihnen zu sagen, dass sie gute Kinder sind, wenn und weil sie dies oder jenes tun. Denn im Umkehrschluss bedeutet dies ja, dass sie, wenn sie diese Dinge nicht tun, nicht mehr gut sind. Das hört sich simpel an, aber so entwickeln sich unser Selbstbild und unsere Identität.

Bedauerlicherweise begeht der Kritiker denselben Fehler wie oft unsere Eltern. Anstatt Alex zu sagen, wie schade es sei, dass er die Details auf der Einladung übersehen habe, und dass er besser auf solche Einzelheiten achten solle, besteht der Richter darauf, dass Alex ein schlechter Mensch sei, weil er sich so verhalten hat; vielleicht sogar, dass er so einen Freund gar nicht verdient habe. Sie können sehen, wie verschieden diese beiden Sichtweisen sind.

Der Ausweg für Alex ist hier, dass er die Kritik an seinem Tun nicht mit seinem Wert als Mensch verwechselt. Es ist wichtig für ihn zu verstehen, dass er sich vornehmen sollte, sich in Sachen Aufmerksamkeit auf Details zu bessern, und dass er gleichzeitig das Urteil des Richters über seine Person abwehren sollte. Wenn er das kann, kann er aus seinen Fehlern lernen. Wenn ihm das nicht gelingt, wird er sich ständig schlecht und unwürdig vorkommen, sich schämen und dieselben Fehler höchstwahrscheinlich wiederholen.

Wenn wir eine Handlung, wie schlecht sie auch sei, von der Person entkoppeln können, entsteht ein Raum im Territorium des Urteilens, in dem wir uns bewegen können, ohne dass unsere Selbstachtung zusammenbricht. Wir können klar sehen, was geschehen ist, was in Ordnung oder nicht in Ordnung war, und können geeignete Maßnahmen ergreifen, um unser Verhalten zu ändern, anstatt in hoffnungslosem Selbsthass zu versinken. Das ist die Tür zur Transformation.

ÜBUNG

Sich mit seinem inneren Wert verbinden

Diese Übung ist eine Art reflektierende Meditation.

1. Finden Sie einen Ort, an dem Sie mindestens zehn Minuten lang ungestört sein können. Setzen Sie sich aufrecht aber entspannt auf einem Stuhl. Lassen Sie den Körper locker sein.
2. Schließen Sie sanft die Augen und richten Sie Ihre Aufmerksamkeit als erstes auf den Atem. Dann lassen Sie Ihre Aufmerksamkeit durch den ganzen Körper mit seinen verschiedenen Empfindungen wandern.
3. Wenn Sie zur Ruhe gekommen und gegenwärtig sind, besinnen Sie sich auf all die physischen Abläufe, die in Ihrem Körper stattfinden. Nehmen Sie den Herzschlag war, das Atmen der Lungen, die Verdauung in den Gedärmen, die Denkvorgänge im Gehirn. Können Sie Ihren Körper und alles, was er vollbringt, wertschätzen? Der Körper verdient, wie alle Wesen auf der Erde, da zu sein, er hat seinen rechtmäßigen Platz auf diesem Planeten. Er hat seinen Wert, ganz einfach, weil er da ist.
4. Nun reflektieren Sie über die Tatsache, dass Sie auf dieser Erde einzigartig sind. Können Sie erkennen, wie Sie – Ihr Körper, Herz und Geist – Originale sind, einmalig, unwiederholbar? Ihr Wert und Ihre Würde bestehen einfach darin, dass Sie existieren, genau wie alles andere in dieser Welt. Was Sie tun

und sagen, die Arbeit, er Sie nachgehen, ob Sie Kinder haben oder nicht, wie wohlhabend oder intelligent Sie sind – das ist alles zweitrangig verglichen mit Ihrem inhärenten, angeborenen Wert. Eine einzige Narzisse fügt Wert hinzu, auch wenn sie sich in einem Feld von Millionen Narzissen befindet: ihr Wert besteht einfach darin, dass sie existiert. Sie ist in und an sich schön. Können Sie sich selbst in dieser Weise empfinden?

5. Nehmen Sie sich Zeit, darüber nachzusinnen, auf welche Weise Sie Ihr inhärentes Gutsein ganz natürlich zum Ausdruck bringen. Das können so simple Sachen sein, wie wenn wir jemandem die Tür aufhalten, ein anderes Auto im Verkehr vorlassen, im Winter Vögel füttern, anderen Menschen Komplimente machen, einen Freund oder Verwandten anrufen, weil er oder sie es gerade schwer hat, oder wenn wir freundlich zu Fremden und freigiebig zu Bekannten sind. Spüren Sie, wie all diese Handlungen Ausdruck Ihres Gutseins und Ihres inneren Wertes sind.

6. Wenn Sie bereit sind, die Meditation zu beenden, öffnen Sie langsam die Augen und bewegen sich sanft.

Das ist wahrscheinlich eine ungewohnte Sichtweise auf sich selbst, die Sie so einnehmen. Es könnten daher aus dem urteilenden Verstand Widerstände aufsteigen, vielleicht sogar Hohn oder Spott. Falls das geschieht, achten Sie auf Ihre Gedanken und gehen Sie auch die Abschnitte in dieser Meditation nochmals durch. Nehmen Sie jeden Abschnitt einzeln und sinnen Sie über die Worte nach. Es kann nötig sein, diese Übung mehrmals durchzuführen, bis Sie mit der Essenz dessen, worum es hier geht, in Verbindung kommen.

Versuchen Sie, sich zu verschiedenen Tageszeiten auf Ihren inneren Wert zu besinnen, insbesondere dann, wenn der Kritiker sich mit Schimpftiraden meldet.

Es hilft, einen einfachen kleinen Satz als Mantra zu benutzen, den Sie innerlich wiederholen, zum Beispiel: „Ich bin mir genug“, „Ich bin gut so, wie ich bin“ oder „Ich bin schon wertvoll, weil ich lebe“. Sie können auch einen Wunsch formulieren, der nach Höherem strebt, etwa: „Möge ich meinen inneren Wert kennen“ oder „Möge ich immer mit meiner Würde in Verbindung bleiben“. Anfangs klingen solche Worte vielleicht hohl, aber wenn sie über einen längeren Zeitraum langsam und aufrichtig wiederholt werden, können sie sich festsetzen, so wie eine Pflanze auch in steinigem Boden Wurzeln schlagen kann.

KAPITEL ZEHN

DAS MANTRA DES „NICHT GENUG“

Wissen, wann es genügt

Perfektionismus ist ein selbstzerstörerisches und süchtig machendes Glaubenssystem, das folgende Denkweise anfeuert: „Wenn ich perfekt aussehe und alles perfekt tue, kann ich diese schmerzhaften Gefühle aus Scham, Kritik und Schuldvorwürfen vermeiden oder minimieren.“

BRENÉ BROWN

In meiner Arbeit als Achtsamkeitslehrer gehe ich in Firmen und übe mit deren Mitarbeitern Gewahrsein und Präsenz. Sie wenden die erworbenen Fähigkeiten dann an, um ihre Arbeitsweise zu verbessern, sei es im Management, bei der Entscheidungsfindung, bei Präsentationen und in der Kommunikation mit anderen. Lands Capital war eine solche Firma, mit Sitz in New York, die nach dem Platzen der Dotcom-Blase mit Technologie-Hedgefonds erfolgreich war und wuchs.

Eines Tages kam ich für ein Achtsamkeitstraining mit einigen der Führungskräften in die Firma, als im Büro gerade Jubelstimmung herrschte. Ich erfuhr, dass James, einer der Händler, nach monatelanger Arbeit ein sehr erfolgreiches Geschäft abgeschlossen hatte, das der Firma an diesem Tag fast 30 Millionen Dollar Nettogewinn einbrachte. Nicht schlecht! Für den Nachmittag hatte ich ein Treffen mit James verabredet und freute mich darauf, ihm zu seinem Erfolg gratulieren zu können. Ich stellte mir vor, wie zufrieden er mit sich sein müsse.

Als ich in sein Büro kam, sah er zu meiner großen Überraschung gestresst und besorgt aus. Wo war die Freude eines erfolgreichen Geschäftsmannes, der seiner Firma und sich einen solchen Geldregen beschert hatte? Während wir uns unterhielten, begann ich die Geschichte zu entschlüsseln. Er berichtete mir, wie er an dieser Investition gearbeitet hatte. Er hatte das Firmengeschehen lange verfolgt, aber statt sich an seinem gelungenen Geschäft zu freuen, spürte er nun Angst.

Er erklärte, dass, wenn er beim Kauf auf seine erste Intuition gehört hätte und an dem Tag nur ein paar Stunden länger drangeblieben wäre, er einige Millionen mehr hätte erzielen können. So konnte James nach der guten Arbeit, die er geleistet hatte, nicht entspannen, da er, wie er dachte, es noch viel besser hätte machen können.

So funktioniert der Kritiker. Nie ist ihm etwas gut genug. Ganz gleich, was wir tun, er ermahnt uns immer dazu, dass wir mehr tun, besser sein und Größeres leisten könnten. Wie viele begnadete Musiker, Künstler, Unternehmer, Eltern, Lehrer und unzählige weitere Menschen werden von diesem Gefühl des „nicht genug" heimgesucht? Wie weit sind wir vom Begreifen der Worte des taoistischen Philosophen Lao-Tse[13] entfernt, der schrieb: „Diejenigen, die wissen, wann etwas genug ist, haben genug und werden nicht nach mehr streben"?

Das Mantra des „nicht genug" ist allgegenwärtig. Es ist der Antrieb eines Großteils unserer industrialisierten Gesellschaft und der freien Marktwirtschaft. Es gehört zur hedonistischen Tretmühle im Kern der materialistischen Kultur. Von einem Gefühl des Mangels angetrieben, streben wir nach mehr. Wir versuchen, aus allem mehr herauszuschlagen. Was immer Sie wollen – größere Häuser, höhere Gehälter, schnellere Autos, modernere Geräte, bessere Steuer- oder Rentengesetze und immer mehr Zeugs, das unsere Häuser, Keller und Vorratsräume füllt! In Anspielung auf New-Age-Werte und Materialismus fasst es eine Werbung für Ford-LKWs im folgenden Slogan so zusammen: „Um mit allem eins zu sein, muss man von allem eins haben!“

Das Mantra des „nicht genug“ bezieht sich aber nicht nur auf unseren Besitz, sondern auch auf unseren Körper. Das ruft eine Unmenge schmerzlicher Gefühle auf den Plan – nicht schlank genug, fit genug, stark genug, gesund genug, hübsch genug, jung genug zu sein. Diese Gefühle können in endlosen Vorhaben zur Verbesserung der physischen Gegebenheiten und in der schmerzhaften Ablehnung des eigenen Körpers münden, so wie er tatsächlich ist.

Wenn wir auf die Stimme hören, die predigt, dass uns etwas fehlt, löst das eine bittere, panikartige Suche nach mehr aus. Diese Suche ist stressbeladen und endlos und führt zu Essstörungen, Arbeitswut, Schulden, Selbstzerstörung und Suchtverhalten. Sie begünstigt ein zwanghaftes Geldverdienen um jeden Preis, ebenso wie Muskeltraining oder eine Gewichtreduktion ohne Rücksicht auf die Gesundheit. Es treibt die Menschen zu Konsum an, zum Horten und zum Geldausgeben bis zur Armut. Und es führt zu furchtbaren Tragödien, wenn ein plötzlicher Verlust uns die Sachen raubt, die wir zwanghaft anstreben, etwa während einer Finanzkrise. Die Bewältigung eines solchen Verlustes ist für manche Menschen einfach zu viel. Die Selbstmordraten[14] stiegen nach den Finanzkrisen von 1929 und 2008 exponentiell an.

Was aber vielleicht noch wichtiger ist: Was geschieht, wenn wir dieses Mangelgefühl auf unsere Innenwelt anwenden, auf das, was und wer wir unserem Wesen nach sind. Eine der penetrantesten inneren Stimmen ist die, die den Menschen einredet, was immer sie tun, was immer sie sind, sei nicht genug. Professoren in Harvard fühlen sich nicht intelligent genug, erfolgreiche Geschäftsleute fühlen sich nicht raffiniert genug, Palliativschwestern fühlen sich nicht mitfühlend genug, Schriftsteller fühlen sich nicht eloquent genug. Eine wichtige Frage, die Sie sich selbst stellen können, lautet: „Worin besteht mein eigenes „Nicht genug“-Mantra?“

Dieses Paradigma hat keinen festen Boden, auf dem man ruhen kann, keine Zeit, eine natürliche Zufriedenheit mit dem, was wir haben oder was da ist, zu empfinden. Es führt zu einer inneren Rastlosigkeit, einem konstanten existenziellen Juckreiz, einem Hunger, der nicht zu stillen ist. In der indischen Kosmologie ist es bekannt als Zustand des „Hungergeistes". Die hungrigen Geister haben große Bäuche und kleine Münder, und was immer sie essen, verbrennt. Also haben sie ständig Hunger. In so einem Zustand fällt es schwer, in uns zu ruhen, da wir ständig von einem inneren Mangel abgelenkt werden.

Denken Sie daran, was geschieht, wenn Sie in diesen Zustand des „nicht genug" hineingesogen werden. Er fühlt sich leer, hohl und unangenehm an. Es ist nicht leicht, mit diesem Gefühl, dass etwas fehlt, zu leben. Wir erfahren es zuweilen als Loch in der Brust oder im Bauch. Die Assoziationen, die diese Erfahrung begleiten, machen es doppelt schwierig. Als Kinder assoziierten unsere jungen Gehirne diesen Mangel vielleicht damit, dass wir nicht liebenswert oder nicht erwünscht seien. Wenn wir nicht gut genug sind, so die Folgerung, dann werden wir nicht gemocht, oder noch schlimmer, dann verlieren wir die Liebe und Zuneigung unserer Mitmenschen. Und für einen jungen Menschen ist die Vorstellung, dass ihm Zuneigung und Anerkennung entzogen werden könnten, einfach entsetzlich.

Als Reaktion auf dieses Mangelempfinden tun wir alles Mögliche, um die vermeintliche Leere zu füllen, um sicherzustellen, dass kein Liebesentzug passiert, oder wenigstens nicht auf Dauer. Wir beginnen den verzweifelten Versuch, das zu erreichen, was uns vermeintlich Zuneigung, Aufmerksamkeit und Lob garantiert, seien es gute Noten, gute athletische Leistungen oder einfach unser „Gutsein". Und der Kritiker passt auf, dass wir damit nicht aufhören; er versucht, den besten Weg zu finden, um den Fluss der Anerkennung und Liebe zu maximieren.

Ein Verwandter des „Nicht genug"-Mantras ist die Gewohnheit des Vergleichens. Oft benutzt der Kritiker diese schädliche Waffe, indem er uns daran erinnert, dass da immer jemand ist, der intelligenter, jünger, effektiver, freundlicher oder erfolgreicher ist als wir. Weswegen wir wiederum nicht gut genug sind und uns mehr anstrengen sollten. Wenn wir unserem vergleichenden Verstand diese Sicht abkaufen, stecken wir bereits in den Startlöchern für ein elendes Leben. Der Denkmodus des Vergleichens erzählt uns, dass es immer mehr gibt, was wir noch tun, noch verbessern könnten, und dass der Weg in einem endlosen mühsamen Marsch bergauf besteht. Ein vergleichender Geist findet keinen Seelenfrieden, Punkt. Selbst wenn wir auf der Gewinnerseite der Vergleichsskala stehen, ist das immer ein prekärer Sieg, weil ihn schon der Nächste, der schlauer, jünger oder beliebter daherkommt, umstoßen kann.

Das soll nun aber nicht heißen, dass die Arbeit an uns selbst nicht wertvoll wäre. Was zählt, ist unsere Herangehensweise, ob aus der Perspektive des Mangels oder aus dem Verständnis, dass wir ein enormes Potenzial in uns tragen, dass darauf wartet, gelebt zu werden. Wie der Zenlehrer Suzuki Roshi einmal sagte: „Jeder von euch ist, so wie er ist, bereits vollkommen ... *und* kann sich noch ein bisschen verbessern." Das ist ein viel wohlwollenderes und inspirierenderes Modell als das Gefühl, wir müssten uns an den eigenen Haaren aus dem Sumpf ziehen, weil wir nicht mithalten können. Mit diesem ausgewogeneren Paradigma kann die eigene Weiterentwicklung Freude bereiten – als eine Reise voller Abenteuer, wo es viele Geheimnisse zu entdecken gibt und wir in neue Fähigkeiten hineinwachsen.

Eine Hauptstrategie, dem Unbehagen des Nicht-Genug entgegenzuwirken, besteht daran, sich in Dankbarkeit zu üben. Wenn wir dankbar sind, können wir uns nicht gleichzeitig unzulänglich fühlen. Dankbarkeit bringt von Natur aus die Empfindung von Fülle und Ganzheit mit sich.

Dankbarkeit gehört zu meinen Lieblingsübungen und -meditationen. Wenn ich von dem Gefühl, dass mir etwas fehlt, umschalten kann und mich an all die Dinge, Personen, Geschenke und Gelegenheiten in meinem Leben erinnere, verwandelt das den Mangel in ein Gefühl der Fülle und Wertschätzung des Lebens mit seinem Segensreichtum. Das ist jederzeit für jeden möglich.

Wir können die Haltung der Dankbarkeit auch auf uns selbst anwenden, um einen Mangel im Innern auszugleichen. Wie fühlen Sie sich, wenn Sie sich einen Augenblick Zeit nehmen und Ihren Füßen für all die harte Arbeit danken, die sie auf sich nehmen, wenn sie Sie tragen und überall hinbringen? Wie wär's mit einem Augenblick, in dem Sie Ihr Herz wertschätzen, das im Laufe Ihres Lebens millionenmal schlägt? Und was ist mit den Sinnen – den Augen, die uns die wunderbaren Anblicke der Welt bringen, den Ohren, die uns eine Tür zur Welt der Klänge öffnen?

Mir tut es besonders gut, wenn ich meine Dankbarkeit auch auf die Orte und Menschen ausdehne, an die ich normalerweise vielleicht gar nicht denken würde. Beispielsweise nehme ich mir beim Autofahren die Zeit, um eine glatte Straße wertzuschätzen, und denke dankbar an all die Menschen, die hart dafür gearbeitet haben. Oder wenn ich die Toilettenspülung betätige, denke ich dankbar an all jene, die im Abwassersystem arbeiten. Oder wenn ich Sirenen höre, weiß ich wertzuschätzen, dass es Notfallteams gibt, die ihr Leben der Hilfe anderer widmen. Manchmal sind es auch die kleinen Dinge, wie die Dankbarkeit gegenüber dem Töpfer, der die Tasse machte, aus der ich jeden Morgen meinen Tee trinke.

Dankbar zu sein wärmt mir das Herz und lässt die Welt voller, vielfarbiger und strukturierter erscheinen. Dankbarkeit lässt mich erkennen, wie gesegnet ich bin, und gibt mir statt des Mangels ein Gefühl der Fülle.

ÜBUNG

Dankbarkeit kultivieren

Diese Übung können Sie entweder als eine schriftliche Reflektion oder als Meditation machen. Oder Sie tun beides. Beginnen Sie damit, Ihre Aufmerksamkeit auf all das zu lenken, wofür Sie dankbar sind, einschließlich allem,

- was Sie jetzt haben
- was schon hier ist
- was Ihnen frei gegeben wird.

Lassen Sie Ihre Gedanken fließen, während Sie sich öffnen und sich all den Dingen, Menschen, Orten und Erfahrungen zuwenden, für die Sie dankbar sind.

Je öfter Sie das praktizieren, umso mehr wächst die Dankbarkeit. Manchmal kann es passieren, dass uns ein Gefühl der Dankbarkeit für Dinge, die wir gar nicht bedacht haben, wie ein Wasserfall überschwemmt. Vielleicht beginnen Sie damit, Ihren Garten wertzuschätzen, dann auch die Pflastersteine darin und die Arbeiter, die sie verlegt haben. Wertschätzen Sie die Insekten und Mikroorganismen in der Erde, die die Pflanzen gesund erhalten, oder alle Menschen, die seit tausenden von Jahren Saatgut kultiviert und geerntet haben. Das kann in Ihnen auch Dankbarkeit für all diejenigen erwecken, die im fernen China oder Brasilien Ihre Kleidung anfertigen, die Reißverschlüsse herstellen, Knöpfe ans Hemd nähen, und die Kleidungsstücke einfärben.

Dies wiederum kann zu weiteren Aspekten der Dankbarkeit führen – das wertzuschätzen, was gerade da ist und zu erkennen, wieviel das Leben uns gibt. Sie könnten sich zum Beispiel daran erinnern, dass die Elemente immer hier bei uns sind – die Luft, das Wasser, die Erde, die Wärme der Sonne. Vielleicht sind Sie der Schwerkraft dankbar, die uns und alles um uns herum an Ort und Stelle hält, und dem Regen, der das Land begießt. Oder Sie schätzen den Wandel der Jahreszeiten und die Schönheit und Vielfalt, die sie mit sich bringen.

Spüren Sie den Moment, wieviel Ihnen in jedem Augenblick gegeben wird, wie die Sonnenstrahlen Ihr Gesicht wärmen, wie emsig die Bienen und Insekten am Werk sind, die Blüten bestäuben und den Nutzpflanzen beim Wachsen helfen, oder wie die Wolken ihre Regenlast über Land und Wäldern ausgießen und die Straßen reinwaschen. Oder wie Wiesenblumen und Gräser an den unwahrscheinlichsten Standorten in der Stadt hervorsprießen und Schönheit und Freude bringen.

Machen Sie es sich zur täglichen Praxis, sich allem zuzuwenden, was voll und ganz hier ist und sich frei darbietet. Sie werden feststellen, wie das dem Denkmodus des „Zuwenig" den Boden entzieht. Genießen Sie es!

KAPITEL ELF

NACHTRÄGLICHE KLARSICHT

Wie der Kritiker Bedauern schürt

Wir beurteilen uns nach dem, was wir fähig sind zu tun, während andere uns nach dem beurteilen, was wir bereits getan haben.
HENRY WADSWORTH LONGFELLOW

Wie oft schmieden wir einen Plan, oder lassen uns zu einem Spontankauf oder einer extravaganten Anschaffung hinreißen, um unsere Entscheidung dann im Nachhinein zu bereuen? Den Ausdruck „Kaufreue" gibt es aus gutem Grund. Und wie steht es um all die Dinge, die wir unseren Nächsten im Eifer des Gefechts an den Kopf geworfen haben und uns später wünschen, sie zurücknehmen zu können? Hatten Sie als Teenager oder in Ihren Zwanzigern Beziehungen, über die Sie sich später wunderten und sich fragten, wieso Sie jemals mit ihr oder ihm zusammen waren? Schauen Sie manchmal auf den Kalender und bereuen, warum Sie all die Termine fest ausgemacht, zu all den Projekten Ja gesagt haben?

Wer hat nicht schon einmal eine Entscheidung getroffen und sich später gewünscht, es anders gemacht zu haben? Es scheint zum Leben dazuzugehören. Schlimm genug, wenn wir das Gefühl haben, etwas falsch entschieden zu haben. Noch schlimmer aber, wenn unser Kritiker uns nicht vergessen lässt, was wir „vermurkst" haben, weil wir bei einer Firma gearbeitet haben, die Bankrott ging, weil wir auf Verlustaktien setzten oder weil wir uns zu einem Date mit einer durchgeknallten Person verabredeten. Wie lange hält der Kritiker uns Jahre zurückliegende Entscheidungen vor? Wie viel unnötiger Schmerz entsteht dadurch?

In meiner Psyche ist Bedauern eines der klebrigsten Gefilde. Mein Kritiker beanstandet lautstark all die vermeintlichen Fehlentscheidungen meiner Vergangenheit und erschwert es mir dadurch, irgendeine klare Entscheidung zu treffen. „Was, wenn ich die falsche Wahl treffe?" höre ich mich in Erwartung eines bevorstehenden Dilemmas denken.

Wie so viele, die ihr Leben einer spirituellen Arbeit und nicht so sehr dem Geldverdienen gewidmet haben, habe ich mir so manches Mal mit meinen amateurhaften Investitionsversuchen die Finger verbrannt. Einmal beim Dotcom-Absturz im Jahr 2000 und ein weiteres Mal bei der Immobilienpleite 2008. Wie vorherzusehen, hat mein Kritiker eine klare Meinung zu meinem Umgang mit Geld – dass man mir in dem Bereich nicht trauen kann. (Seither habe ich andere Menschen mit mehr Erfahrung und Geschick in Finanzangelegenheiten mein Geld für mich anlegen lassen!)

Sie könnten einwenden, der Kritiker habe ja durchaus Recht angesichts meiner weniger als lukrativen Investitionsversuche. Das Problem ist jedoch, was in der Kritik implizit enthalten ist: Scham, Schuld, und die Behauptung, ich sei in Gelddingen ein Versager und damit indirekt auch in allem anderen. Die eigentliche Herausforderung, die die Angriffe des Kritikers darstellen, besteht in dem emotionalen Vermächtnis, das uns ängstlich macht und lähmt, wenn Entscheidungen anstehen, und das in uns ein Gefühl der Minderwertigkeit hinterlässt.

Da der Kritiker stets den unfairen Vorteil der „Nachträglichen Klarsicht" hat, kann er leicht Urteile über in der Vergangenheit liegende Entscheidungen zum Thema Geld, Karriere oder Beziehungen austeilen. Im Nachhinein ist es nicht schwer, zu sagen, warum man dieses oder jenes getan oder nicht getan haben sollte, und was eine vernünftigere Entscheidung in punkto Beziehung, neuer Arbeitsstelle, Investition oder Gebrauchtwagen gewesen wäre.

Im Rückblick verfügen wir über ein Wissen, das wir bei der Entscheidung aber noch nicht hatten. Daher ist es nicht nur zwecklos, sondern auch unfair, uns selbst im Nachhinein Vorwürfe zu machen. Dass wir aus vergangenen Fehlern lernen, ist natürlich nötig. Aber das Vorwurf- und Scham-Spiel ist unnötig und nicht hilfreich.

Manchmal denkt der Kritiker, wenn er uns nur genug Vorhaltungen mache, würde wir denselben Fehler nicht noch einmal begehen. Nach meiner Erfahrung trifft das nur selten zu. Ganz gleich, wie sehr mich der Kritiker für vergangene Entscheidungen maßregelt, es hilft nicht bei der nächsten Entscheidung. Eher im Gegenteil – die kritischen Urteile machen es sogar noch schwerer, beim nächsten Mal klar zu entscheiden. Unser Denken wird, wenn eine neue Entscheidung ansteht, von Angst und Hoffnungslosigkeit vernebelt.

Es gibt nicht notwendigerweise richtige oder falsche Entscheidungen. Was in einem Moment gut scheint, kann in einem anderen Moment, oder aus eine anderen Perspektive, schlecht aussehen und umgekehrt. Der Einsatz des Insektizids DDT zur Bekämpfung der Malaria in den USA schien damals eine gute Idee. Heute hingegen wissen wir um die toxischen Folgewirkungen und die Verseuchung. Viele Vogelarten, unter ihnen auch der Weißkopfadler, wurden dadurch nahezu ausgerottet. Vom heutigen Standpunkt aus können wir erkennen, wie kurzsichtig die Idee war.

Es ist wichtig, uns daran zu erinnern, dass wir uns bemüht haben, aus den Informationen und Hilfsmitteln, die wir zur Verfügung hatten, das Beste zu machen. Das gilt für alle Entscheidungen, die wir je getroffen haben, ganz gleich, wie schlecht sie sich entwickelten. Wenn wir es besser gewusst hätten, hätten wir es anders gemacht. Es hilft nichts, uns vorzuwerfen, dass wir es nicht besser wussten, wir müssen den Zweifelsfall zu unseren Gunsten auslegen. Das ist sehr befreiend, es erlöst uns von der Qual der Schuldzuweisung.

Auch die Fähigkeit loszulassen hilft, die Macht des Kritikers einzudämmen, der – wie andere Aspekte des Egos auch – die Kontrolle behalten will und muss. Er glaubt, dass wenn er die Herrschaft hat, wir bekommen, was wir brauchen, und vermeiden können, was uns gefährdet. Doch es gibt viel zu viele Faktoren, die außerhalb unserer Macht liegen. Wir können nicht wissen, wie sich der Aktien- oder Immobilienmarkt oder eine Beziehung entwickeln wird. Ja, wir könnten es besser machen, bessere Entscheidungen treffen, wenn wir eine Kristallkugel hätten, aber diesen Luxus haben wir nicht.

Stattdessen verlangt das Leben von uns, dass wir uns festlegen, unseren Einsatz aufs Spiel setzen, eine Wahl treffen und unser Bestes geben, bereit, uns dem zu stellen, was dann tatsächlich geschieht. Natürlich würden wir uns ein bestimmtes Ergebnis wünschen, aber wir brauchen uns keine Vorwürfe zu machen, wenn es nicht so kommt. Idealerweise sollten wir üben, unsere Kontrolle über Erfahrungen, Ereignisse, Situationen und Menschen loszulassen, weil wir erkennen, dass sie sowieso nie wirklich möglich ist. Es ist besser, darauf zu vertrauen, dass wir uns zu einem bestimmten Zeitpunkt im besten Sinne entschieden haben, und dann zu sehen, was passiert, und daraus zu lernen. Und, falls nötig, loszulassen.

Es ist wichtig zu betonen, dass ein Bedauern oder Bereuen aus der Klarsicht im Nachhinein nicht einfach auszuhalten ist. Es ist unangenehm und verschlimmert sich noch durch unsere Aversion gegen die ausgelösten Gefühle und Erinnerungen. In unserem Körper erleben wir das Erfahrene als schweres Gewicht und in unserem Denken als eine Vernebelung und eine Sturzflut von Selbstverurteilungen. Emotional spüren wir vielleicht, wie es uns das Herz einschnürt.

Unsere Aufgabe bei einem komplizierten Gefühl wie Bedauern besteht darin, den Mut zu haben, ihr unsere Aufmerksamkeit zu widmen und in sie hineinzuspüren, ohne aber Selbstvorwürfe hinzuzufügen. Wenn wir zum Ursprung des Bedauerns gelangen und die Kritik von der Erfahrung trennen, dann lernen wir aus unseren Handlungen. Dann können wir echtes Bedauern empfinden und unseren Irrtum einsehen. Wir können die Absicht fassen, denselben Weg nicht noch einmal zu gehen. Das bringt uns eine Freiheit, die nicht mit der Bürde der Selbstvorwürfe beladen ist.

ÜBUNG
Sich vom Bedauern freimachen

Wenn Sie von Bedauern geplagt werden und Ihr innerer Kritiker Ihnen ständig vergangene Entscheidungen vorhält, ist die folgende Übung nützlich.

Schreiben Sie ein oder mehrere Beispiele, die Sie bereuen, in Ihr Tagebuch oder auf ein Blatt Papier. Wenn es mehrere Beispiele sind, wählen Sie nun das aus, was Sie am wenigsten bedrückt, aus. Rufen Sie sich die dazugehörige Erfahrung in Erinnerung – die Situation, die Zeit, die Personen und alles, was sonst noch mit im Spiel war. Denken Sie darüber nach, warum Sie genau so entschieden haben, wie Sie es taten.

Dann reflektieren Sie über folgende Weisheiten:

- Wir können die Vergangenheit nicht ungeschehen machen.
- Wenn man im Nachhinein den Durchblick hat, sieht man alles klarer.
- Wir können weder hellsehen noch vorhersagen, was die Zukunft bringt.
- Wir geben stets unser Bestes mit dem, was wir an Erfahrung, Wissen und Informationen zu einem bestimmten Zeitpunkt haben.
- Das Leben hätte nicht anders verlaufen können.

- Was geschehen ist, ist geschehen und lässt sich nicht ändern.
- Der Versuch, die Vergangenheit umzumodeln, hat keinen Zweck und tut nur weh.
- Frieden entsteht, wenn wir uns mit dem, was ist und was war, versöhnen.
- Frieden entsteht, wenn wir unser Bedauern vergangener Handlungen ziehen lassen.

Welche dieser Sätze passen auf Ihre Situation? Können Sie einsehen, dass es nicht anders gewesen sein konnte? Können Sie sehen, dass Sie auf der Grundlage Ihrer Kenntnisse und Fähigkeiten zu dem jeweiligen Zeitpunkt Ihr Bestes gegeben haben? Wenn Sie genügend darüber nachgedacht haben, ist es Ihnen vielleicht möglich, das Schwert der Schuldzuweisungen niederzulegen. Können Sie sich selbst ein wenig Vergebung gönnen, für all das, was Sie getan und gesagt haben?

Nehmen Sie sich jedes Mal, wenn der Kritiker auf einer vergangenen Entscheidung herumhackt, diese Sätze wieder vor. Und üben Sie zukünftig, die jeweils beste Entscheidung zu treffen, und dem Drang, weiter darauf herumzureiten, nicht mehr nachzugeben. Ruhen Sie in der einmal getroffenen Entscheidung, ohne sich in irgendeiner Weise selbst anzuklagen. Vielleicht wenden Sie dieses Vorgehen irgendwann auf alle Entscheidungen in Ihrem Leben an und befreien sich so von der Qual von Bedauern und Unentschlossenheit.

KAPITEL ZWÖLF

DER INNERE AUFSICHTSRAT

Die Stimmen im Kopf verstehen

Buhle weder um des Kritikers Lächeln noch fürchte sein Stirnrunzeln.
SIR WALTER SCOTT

In einem Kurs, den ich gab, klagte Andrew, ein Hochschullehrer aus Ohio, über den lauten Boss in seinem Kopf. Er mache ihm ständig die Hölle heiß und erkläre, dass er alles verkehrt mache, besonders beim Unterrichten. Ich fühlte mit ihm und seine Metapher für den inneren Kritiker gefiel mir. Es ist, als ob jemand in unserem Wohnzimmer campiert, den ganzen Tag dasitzt, uns herumkommandiert und alles, was wir tut, kritisch beäugt.

Später im Kurs meinte jemand, Andrew habe Glück, wenn er nur *einen* Boss im Kopf habe. Samantha, die neu in ihrer Aufgabe als Geschäftsführerin einer Investmentfirma in Dallas war, fühlte sich, als ob der gesamte Vorstand in ihrem Kopf hauste und jedes seiner Mitglieder beurteilte und kritisierte, was sie tat und sagte.

Wenn wir uns die Stimme des Kritikers näher anschauen, finden wir viele verschiedene kritische Gedankenströme, oder „Persönlichkeiten" in unserem Geist. Manche nennen das den „inneren Aufsichtsrat" – ein Komitee, das sich unseretwegen ständig berät und uns Befehle erteilt – oder wie bei einem Casting für ein Theaterstück, wo alle eifrig über alles, was wir tun, ihre Urteile abgeben.

Wie bei jedem Aufsichtsrat ist es wichtig, alle Stimmen kennenzulernen, zu hören, was jeder zu sagen hat, und zu lernen, wie mit alldem geschickt umzugehen ist. Angenommen, Sie schauen sich das mal an: Was würden Sie in *Ihrer* 1,5 kg schweren grauen Masse, Gehirn genannt, finden, beziehungsweise in dem mysteriösen Etwas, das wir Geist oder Verstand nennen? Wie viele Stimmen, Unterpersönlichkeiten und kritische Charaktere schleppen wir mit uns herum? Wie in dem Spruch: „Wo immer du hingehst, da bist du auch!" Etwas präziser könnte man auch sagen: „Wo immer du hingehst, da sind auch deine Richter!" Merken Sie, wie sie Sie verfolgen? Sogar im Urlaub gibt es kein Entkommen: Der Aufsichtsrat urteilt darüber, wie Sie am Strand aussehen, was Sie essen oder wieviel Sie trinken.

Wie sehen einige typische Mitglieder dieses Aufsichtsrates aus? Für gewöhnlich gibt es einen Vorsitzenden, den, der dominiert, der am lautesten schreit, alle Vorgänge kontrolliert und das letzte Wort hat. Das kann eine aggressive Stimme sein. Sie erteilt gern Befehle, besonders, was die Gesamtausrichtung unseres Lebens betrifft und wie wir mit unseren Mitteln umgehen.

Daneben gibt es einen Trainer. Er klingt ein bisschen positiver und spornt gern an. Das ist die Stimme, die sagt: „Du kannst es. Streng dich nur mehr an, arbeite härter, kümmere dich um dies, korrigiere das." Sie ermahnt uns häufig, weiter zu tüfteln, weil das, was wir tun, noch nicht ganz richtig ist. Der Trainer besteht darauf, uns zu sagen, was wir tun sollen, weil wir auf uns allein gestellt verloren wären.

Der Schatzmeister ist derjenige, der unseren Umgang mit Geld für nicht effektiv genug erklärt. Er sagt uns, dass wir besser planen müssen, bessere finanzielle Entscheidungen treffen, mehr sparen, härter arbeiten, nicht so freizügig mit dem Geld umgehen sollten. Außerdem sollten wir vorsichtiger sein oder die Risiken bei Investitionen genauer kalkulieren.

Ein interessantes Mitglied des Aufsichtsrats ist einer, den ich den Dilettanten nenne. Das ist derjenige, der auf Vergnügen aus ist. Also jemand, den wir normalerweise nicht mit den herunterziehenden Schwingungen des Kritikers in Verbindung bringen würden. Er ist auf unserer Seite, wenn wir nicht genug Spaß haben, uns nicht freuen oder nicht genug herumspielen. Er beanstandet, wenn wir uns als Lohn für unsere harte Arbeit nicht auch ein Vergnügen gönnen.

Nicht halb so viel Spaß macht der Perfektionist. Dieses Mitglied unseres Aufsichtsrats ist nie zufrieden. Egal, wie sehr Sie sich anstrengen, Sie sind einfach nicht gut genug, genau genug, klug genug. Es ist leicht, die Prüfungen auf Grundlage eines so unmöglich hohen Maßstabs nicht zu bestehen. Tatsächlich sind wir zum Scheitern verurteilt, denn wir können unmöglich die Perfektion erreichen, die dieses Mitglied des Aufsichtsrats zufriedenstellen würde. Es ist die Stimme, die das Mantra des „Nie genug" vertont. Es ist eine garantierte Quelle zum Unglücklichsein.

Eine weitere gängige Stimme ist der strenge Vorgesetzte, den manche auch den Tyrannen nennen. Das ist ein harter Bursche. Er erlaubt uns keine Müdigkeit, keine Pause oder Entspannung. Seine Stimme ertönt, wenn wir Siesta machen, ausschlafen oder verschlafen, unsere Lieblingsfernsehserie schauen oder uns einen Drink gönnen. Er mahnt ständig alle unerledigten Arbeiten an, alle nicht beantworteten E-Mails, alles, was sich auf unserer To-Do-Liste ansammelt, alles, was wir vorhatten, aber noch nicht erledigt haben. Diese Stimme lässt uns keine Ruhe, wenn wir abschlaffen. Sie ist ein Sklaventreiber. Sie erschöpft uns, wenn wir unter ihrer Fuchtel stehen.

Erkennen Sie diese Rollenbesetzungen? Welche anderen Stimmen haben Sie noch in sich? Vielleicht die Untergangsstimme, die verkündet, dass alles vor die Hunde geht? Oder den Spaßverderber, der ständig dazwischenfunkt und uns die Laune verdirbt? Es gibt auch den Saboteur, der Sie dazu bringt, sich selbst zu sabotieren, der Ihre besten Bemühungen untergräbt und sicherstellt, dass Sie zu spät kommen, nicht rechtzeitig antworten und das Unpassende sagen. Und sich dann glücklich in Vorwürfen darüber ergeht.

Es ist eine Disney-reife Schauspielbesetzung, aber kein Film, den ich gern sehen wollte. Doch traurig genug: Jeden Tag unseres Lebens hören wir uns diese innere *Reality*-Radiosendung an und nur selten ändert sich etwas an den traurigen Gestalten. Wie lange wollen wir auf diesen immer gleichen Ramsch hören, ihm unsere Aufmerksamkeit schenken und uns dabei elend fühlen?

Der Erzbischof und Schriftsteller Francois Fénelon[15] einst schrieb: „Wir nehmen die Krankheit erst wahr, wenn die Kur beginnt." Wenn wir die Stimmen unseres inneren Aufsichtsrats ans Tageslicht bringen und ganz bewusst untersuchen, ist das der Beginn der „Kur" oder des Heilungsprozesses. Obwohl es demoralisieren kann, wenn wir erkennen, wie viele negative Stimmen in uns schlummern, ist es dennoch wichtig, sie im Licht der Bewusstheit zu betrachten.

Wenn wir den Aufsichtsrat erst einmal im Blick haben, können wir alle diese Stimmen näher untersuchen. Was sind die Namen und Rollen dieser Charaktere? Welchen schenke ich am meisten Aufmerksamkeit? Vor wem habe ich am meisten Angst, unter welchem Einfluss leide ich am meisten? Was geschieht, wenn die Stimmen still sind? Wie fühle ich mich, wenn sie mich in Ruhe lassen und ich frei bin, weil sie nichts von mir verlangen? Und vielleicht die Schlüsselfrage: Glaube ich, was sie mir sagen, befolge ich ihren Rat?

Am allerwichtigsten ist es, all diese Stimmen mit einer Haltung der Achtsamkeit zu betrachten. Mit Achtsamkeit können Sie ihnen Aufmerksamkeit entgegenbringen, ohne sich in das, was sie zu sagen haben, verstricken zu lassen. Achtsamkeit erlaubt Ihnen, alles aus der Perspektive einer dritten Person zu sehen, so als ob Sie einen Film anschauen und daher selbst nicht beteiligt sind. (Mehr über die Kraft und die Rolle der Achtsamkeit erfahren Sie in Kapitel 16.) Sie können diese Charaktere wie

Diskussionspartner in einer Fernsehsendung ansehen, bei der Sie den Ton abgestellt haben. Sie sind zwar noch da, aber das, was sie sagen, hören Sie nicht und brauchen sich auch nicht darum zu kümmern.

ÜBUNG

Den eigenen Aufsichtsrat kennenlernen

Beginnen Sie mit den Teilnehmern, die regelmäßig auftauchen, und untersuchen Sie die Stimmen der verschiedenen Charaktere, die Ihnen Befehle, Urteile und Kritik zukläffen.

Legen Sie sich eine ausführliche Liste aller problematischen Charaktere an und geben Sie jedem einen Namen: Haben Sie einen Spaßbremser, einen Ankläger, Kontrolleur, Miesmacher, Fehlersucher, Beschimpfer? Oder vielleicht einen Trainer, Richter, Perfektionisten, Einsatzleiter, Tyrannen, Pfennigfuchser, Korinthenzähler oder einfach einen Zensor? Achten Sie darauf, was passiert, wenn Sie diesen Stimmen Namen geben.

Versuchen Sie, sie zum Leben zu erwecken, um sie realer werden zu lassen. Wenn es Menschen wären, wie würden sie aussehen? Wie wären sie gekleidet und wie würden sie handeln? Je mehr Sie Ihre Charaktere identifizieren, benennen und spielerisch typisieren können, umso leichter werden Sie sie wiedererkennen, wenn sie mit ihrer Leier kommen, und umso leichter wird der Umgang mit ihnen sein.

Nun identifizieren Sie die einzelnen Urteile, die von jedem der Mitglieder Ihres inneren Aufsichtsrats kommen. Was sagt, fragt, fordert, kritisiert jede der Stimmen? Vielleicht ist da eine (oder mehrere), die gemein, beleidigend und herabwürdigend in Bezug auf Ihre Gesundheit, Ihr Gewicht, Aussehen, Ihre Intelligenz, Arbeit oder Ihre zwischenmenschlichen Beziehungen ist? Wenn Sie die Urteile kennen, nehmen Sie sich Zeit, darüber nachzudenken: Sind sie fair, hilfreich und zutreffend? Achten Sie darauf, was geschieht, wenn Sie die Urteile mit größerer Objektivität untersuchen.

Dann überlegen Sie, was hinter jedem Urteil stecken könnte. Jede Stimme hat ein bestimmtes Anliegen oder eine Befürchtung, vielleicht versucht sie, auf ihre eigene plumpe Art, Sie vor Schaden zu bewahren oder Ihnen anderweitig zu helfen. Welche Sorgen oder Ängste könnten die Ursache für das Urteil dieses Mitglieds Ihres Aufsichtsrats sein? Beispielsweise könnte der Schatzmeister befürchten, dass Sie zu leichtsinnig mit Geld umgehen. Sein Antrieb ist wahrscheinlich die Sorge um Ihre finanzielle Sicherheit und der Wunsch, dass Sie Ihre Geschäfte so regeln, dass Sie eine solide finanzielle Grundlage haben. Der Diätentrainer versucht, Sie vor der Scham des Dickseins zu bewahren, also gibt er vor, was Sie nicht essen sollen, um Ihre Gewichtszunahme zu verhindern.

Obwohl sie beschützen wollen, sind solche harten, reglementierenden Stimmen – und ihre Urteile – nicht nur nicht förderlich, sondern ziemlich kontraproduktiv. Oft bereiten sie uns Schuld- und Schamgefühle. Als Folge davon tun wir vielleicht genau das, was sie verhindern wollten, nämlich übermäßig viel essen.

Wenn Sie die tieferliegenden und möglicherweise positiven Absichten des Aufsichtsrats herausgefunden haben, überlegen Sie, was eher dazu beitragen könnte, Sie zu positivem Handeln und gesunden nächsten Schritten zu ermutigen, als hartes Verurteilen. Schreiben Sie sich für jedes entdeckte Urteil eine Möglichkeit auf, wie das Mitglied des Aufsichtsrats sein Anliegen konstruktiver ausdrücken und welche positive Handlung oder welcher Schritt sich für Sie daraus ergeben könnte.

KAPITEL DREIZEHN

DIE DREHTÜR DES KRITIKERS

Wie innen, so außen

Wenn wir keine Fehler hätten, hätten wir nicht so viel Vergnügen daran, sie an anderen zu bemängeln.

FRANCOIS DE LA ROCHEFOUCAULD

Vor ein paar Jahren hielt ich einen Kurs in einem Krankenhaus in Sheffield in England. In dem Kurs war ein etwa fünfzigjähriger Psychiater, der trotz seines herzlichen Auftretens ziemlich bösartig sein konnte, wenn er andere in der Gruppe angriff. Aus heiterem Himmel ließ er seine vernichtenden Urteile über deren Fehler los. Das Schwierige für seine Kollegen war, dass sie nie sicher sein konnten, wann eine seiner geharnischten Attacken kam.

Später arbeitete ich mit ihm im Rahmen einer Supervision. Ich stellte fest, dass seine bösartigen, häufig auch auf sich selbst bezogenen Attacken, ihm das Leben schwer machten. Er war in einer sehr kritischen Familie aufgewachsen und hatte nie das Gefühl gehabt, deren Erwartungen entsprechen zu können. Sein Vater – ironischerweise ein Richter am örtlichen Gericht – hatte gehofft, dass sein Sohn ihm ins Rechtswesen folgen würde. Zu seiner Enttäuschung hatte sein Sohn das nicht getan, und er machte aus seiner Verachtung für dessen Berufswahl keinen Hehl.

Der Psychiater hatte diese Urteilskultur internalisiert und ging mit den geringsten Fehlern, eigenen wie fremden, gnadenlos ins Gericht. Sein gesamtes Dasein verbrachte er unter dem erdrückenden Regime des Kritikers. Das hatte sein Leben zu einer engen Hölle gemacht, wo nichts, was er tat, richtig war; auch seine Erfolge auf medizinischem Gebiet zählten nicht. Dass er dieselbe Kritik gegen jeden in seiner Umgebung richtete und seine Mitmenschen dadurch ziemlich abschreckte, sah er nicht. Kein Wunder, dass er sich traurig und einsam fühlte.

Haben Sie sich schon einmal gefragt, wie es bei dem kritischsten Kollegen, die Sie im Büro haben, zuhause zugehen mag? Sie können sich sicher sein, dass es dort nicht angenehm ist. Meistens gilt: Wie innen, so außen. Wer seine Umwelt kritisiert, wendet dieselbe Strenge höchstwahrscheinlich auch bei sich selbst an, wenn sonst niemand ist, den man ins Visier nehmen könnte.

Allerdings neigen die Menschen beim Urteilen mehr in die eine oder andere Richtung – entweder mehr nach außen oder mehr nach innen. Werfen Sie einen Blick auf sich selbst, ob es so ist. Tendieren Sie dazu, über sich selbst zu urteilen? Oder eher über andere? Oder hält es sich ungefähr die Waage? Oder gehen die Urteile einfach dahin, wohin der Kritiker gerade schaut?

Es ist wichtig, unsere Denkmuster zu verstehen, denn je mehr wir sie praktizieren, umso tiefer graben sie sich ein. Wenn das Urteilen (ob nach innen oder außen) zur Gewohnheit wird, fühlt es sich ganz normal an. Unser Ausgangspunkt hier ist, dass wir den fragwürdigen Standpunkt des Kritikers nicht noch stärken wollen. Anders als jemand, der einfach sein Unterscheidungsvermögen benutzt, attackiert der Kritiker alles, worauf sein prüfender Blick fällt. Das ist ein furchtbares Schicksal, am ärgsten, wenn es uns selbst ereilt. Wenn wir mit der Gewohnheit, andere zu verurteilen, nicht aufhören, wird die Guillotine unweigerlich auch auf uns herabsausen.

Doch wie nun unterbrechen wir diese Gewohnheit? Als erstes müssen wir die Gewohnheit als solche bemerken lernen. Wenn wir bewusst und mit Achtsamkeit hinschauen, sehen wir sie so, wie sie ist: als Gedankenabfolgen oder Sichtweisen, die nicht notwendigerweise wahr sind. Wir können die Gedanken weiterziehen lassen und unsere Aufmerksamkeit etwas Anderem zuwenden.

Ein effektives Gegenmittel bei gewohnheitsmäßiger Negativfixierung ist, sich auf Positives zu konzentrieren. Wir können bei anderen und uns selbst auf das schauen, was richtig ist und wohltut und uns auf solche Qualitäten konzentrieren. Das heißt aber nicht, dass wir auf gesundes Unterscheiden verzichten; es bedeutet lediglich, dass wir die Betonung nicht auf das Negative legen. Es ist bemerkenswert, wie viel mehr Licht diese kleine Richtungsänderung in unsere Innen- und Außenwelt bringen kann.

Wie wäre es für Sie, wenn Sie die Welt und die Menschen darin mehr von der hellen Seite aus anschauen würden, also eher das Positive und das Richtige sehen? Wie würde das Ihre mentale Verfassung ändern? Vielleicht möchten Sie sich selbst auch so sehen – nicht als jemanden mit einer ellenlangen Liste von Fehlern, sondern als jemanden, der Stärken, Talente, Begabungen und ein gutes Herz hat.

ÜBUNG
Positives an anderen finden

Diese Übung können Sie in Ihrem Alltag und im Kontakt mit ihren Mitmenschen machen. Ich versuche sie anzuwenden, wann immer jemand in meine Nähe kommt, sei es im Büro, im Bus, in einem Café oder Laden. Das verlagert meine Perspektive von Angst, Vorsicht oder Besorgnis hin zu mehr Wärme, Interesse und positiver Gestimmtheit.

Das nächste Mal, wenn Sie sich in der Öffentlichkeit aufhalten und Sie jemanden anschauen, achten Sie zuerst darauf, wie Sie sich normalerweise verhalten. Sehen Sie seine Mängel und Fehler, sehen Sie kritisch auf seine Kleidung, Frisur, Art zu reden, sein Gewicht und ähnliches?

Nun wechseln Sie von der gewohnten Negativorientierung dazu über, eine positive Eigenschaft an der Person zu finden. Was ist da – eine Fertigkeit, Qualität, Handlung oder etwas an der Sprechweise, Kleidung oder den Manieren -, das Sie wertvoll finden? Beobachten Sie, was geschieht, wenn Sie Ihre Aufmerksamkeit auf einen solchen Aspekt richten. Wie fühlt sich das an? Fühlt es sich echt oder gekünstelt an? Spüren Sie einen Zensor in sich, der sagt, dass dies naiv oder nicht das ganze Bild sei? Oder können Sie sich erlauben, sich von einer kritischen Orientierung wegzubewegen hin zu einer, die lebensbejahender oder positiver ist?

Üben Sie das über einen festgelegten Zeitraum, seien es zehn Minuten oder eine ganze Busfahrt lang, oder für die Dauer einer Arbeitssitzung. Sie können es auch während eines Abendessens in der Familie machen, beim Einkaufen, beim Schlangestehen oder bei Sportveranstaltungen. Achten Sie darauf, wie es Ihre Stimmung und Ihre Wahrnehmung der anderen Menschen in Ihrer Umgebung verändern kann.

Versuchen Sie, auch sich selbst mit dieser Haltung zu betrachten, während Sie Ihrem Alltag nachgehen. Wie würde es sich anfühlen, den eigenen positiven Eigenschaften, Handlungen und Stärken mehr Aufmerksamkeit zu schenken? Nehmen Sie wahr, wie sich die Tendenz, das Kritische zu sehen, verschiebt, und Sie häufiger auf das schauen, was in Ordnung und positiv ist.

KAPITEL VIERZEHN

DIE MACHT DES KRITIKERS

Was Urteile in uns bewirken

Anstatt unser Leben damit zu verbringen, unseren Träumen entgegenzulaufen, laufen wir aus Angst davor, zu versagen oder aus Angst vor Kritik, oft vor ihnen weg.

ERIC WRIGHT

Steve war im College ein vielversprechender Basketballspieler, der es in die Vorrunde für die regionalen Schulwettkämpfe im Bezirk San Francisco Bay geschafft hatte. Er war erst siebzehn, hatte aber einen sehr kritischen Richter von seinen erfolgsorientierten Eltern, beide Psychologen, geerbt. Für das kommende Jahr hoffte er auf ein Stipendium für eine Universität in Kalifornien.

In einem entscheidenden Spiel bekam er wenige Sekunden vor Schluss den Ball und damit die Chance, den Siegestreffer zu erzielen. Ihm versagten die Nerven und er warf daneben. Er schämte sich unendlich, weil sein Team deswegen nicht über die Vorrunde hinauskam. In einer Therapiesitzung bei mir erinnerte er sich, wie ihn auf dem Weg nach Hause eine nie gekannte Schwere und Erschöpfung überkommen war. Es hatte sich angefühlt, als würde er durch einen zähen Sumpf waten. Sein Kopf war benebelt, er konnte keinen klaren Gedanken fassen. Ein Gefühl der Hoffnungslosigkeit überkam ihn. Er spürte, wie der Kritiker auf vielen Ebenen auf ihn einstürmte, und brauchte eine ganze Weile, bis er die physischen Symptome, die der Kritiker mit seinen Tiraden wegen der verpassten Chance in ihm auslöste, von sich abschütteln konnte.

Haben Sie je ein Sportturnier, eine Präsentation, ein Schulexamen oder ein wichtiges Gespräch, wo Sie etwas leisten sollten, was Ihnen aber nicht recht gelang, verlassen und sich hinterher gewundert, warum Sie sich körperlich so ausgelaugt fühlen? Warum Sie ungewöhnlich müde und benommen oder emotional ausgepowert sind?

Solche Symptome ruft der Kritiker hervor. Sie können verheerenden Schaden anrichten, wenn sie unbeachtet bleiben. Der Kritiker kann sich auf vielen Ebenen auswirken. Auf der mentalen Ebene, wenn er uns lächerlich macht und verurteilt und seine Worte uns verwirren und die Konzentration rauben. Er kann aber auch auf die physische, emotionale oder energetische Ebene einwirken. Sobald Sie die körperlichen Symptome erkannt haben, können Sie sie zu dem dahintersteckenden Urteil zurückverfolgen und sich davon freimachen.

Eine häufige Auswirkung des Kritikers ist eine mentale Benommenheit, der Kopf fühlt sich dumpf und dunkel an. Es ist, als ob das Gehirn im falschen Gang klemmt und die Urteile unterhalb der Wahrnehmungsschwelle leise weitersurren, an einem nagen und kostbare kognitive Fähigkeiten lahmlegen. In diesem Zustand kann es schwer sein, einen klaren Gedanken zu fassen oder sich dazu zu entscheiden, etwas zu tun. Es kann sich anfühlen, als ob das Gehirn eingefroren und uns das Frostschutzmittel ausgegangen ist.

Wenn ich diese Umnebelung an mir bemerke, bemühe ich mich, mögliche die Urteile aufzuspüren, die gerade in den trüben Gewässern meines Geistes schwelen. Ich versuche dann, sie für mich zu verbalisieren, auch wenn ich sie nur vermuten kann. Sobald ein Urteil ans Tageslicht gebracht ist, kann ich kognitiv damit arbeiten und mich aus seinem Griff befreien, anstatt dass es mein Denken blockiert.

Ein Bereich, in dem der Kritiker besonders zermürbend wirkt und sein Einfluss sowohl auf körperlicher Ebene als auch energetisch zu spüren ist, ist die Kindererziehung. Ich habe Klientinnen gehabt, die trotz ihres beruflichen Erfolges ihre Karriere aufgaben, um sich der Familie zu widmen. Oft erfordert das eine schwere Umstellung vom Erfolg und Status in der Geschäftswelt zur Bewältigung des Chaos in der Kindererziehung. Wie alle Eltern bescheinigen werden, bringt die Elternschaft häufig ein Gefühl mit sich, dass man es nicht richtig macht, nie gut genug ist, oder nicht recht weiß, wie genau mit Trotzphasen, Eifersüchteleien unter Geschwistern, jugendlichen Ängsten und ähnlichen Herausforderungen umzugehen ist.

Jean, eine Mutter mit einem gut entwickelten inneren Kritiker, ist selbst in einem Haushalt aufgewachsen, in dem ihre Mutter sehr stolz auf die Sauberkeit und Ordnung war, die im Haus herrschte, obwohl sie fünf Kinder mit einem schmalen Einkommen hatte großziehen müssen. Jean erzählt mir, was nicht selten passiert, wenn ihr Mann von der Arbeit kommt. Oft ist sie am Ende des Tages von der Betreuung und dem häuslichen Schulunterricht ihrer drei noch nicht mal neunjährigen Kinder vollkommen erschöpft. Wenn ihr Mann dann nach Hause kommt, ist das Haus normalerweise ein einziges Durcheinander, Spielzeug, Bücher und alle möglichen Dinge liegen überall herum. Wenn er eine harmlose Bemerkung macht, dass er dies oder jenes in dem Chaos nicht findet, kommt das bei ihr als kritisches Urteil an, das schnell verinnerlicht wird.

Dann kann Jean sofort von dem Gefühl übermannt werden, dass ihr ganzer Tag nichts wert war. All das Gute, das sie mit dem privaten Schulunterricht zu Hause für ihre drei Kinder tut, scheint irrelevant – wegen des Durcheinanders fühlt sie sich als Mutter wertlos. Das ist irrational, kommt aber häufig vor. Sie denkt daran, dass ihre eigene Mutter so eine Unordnung nie zugelassen hätte, keiner hätte so etwas je zu Gesicht bekommen, nicht einmal ihr Ehemann. Dieser Prozess, sagt Jean, kann leicht einen emotionalen Absturz einleiten, der in einem universellen Gefühl der „Ungenügens“ mündet. Dann wird alles durch diesen Schleier der eigenen Wertlosigkeit gefiltert.

Ohne die gewohnte Bestätigung, die das Ego durch den Erfolg bei der Arbeit bekommt, haben Mütter und Väter oft das Gefühl, als Eltern nicht gut genug zu sein. Die Auswirkungen eines solchen Richtspruches erleben sie auf der emotionalen Ebene häufig als Schwere, Trübsinn oder ein Gefühl, als ob man versinkt. Es kann auch Hoffnungslosigkeit aufkommen, wie ein anhaltender schwerer Nebelschleier. Diese Belastung trübt alle Erfahrung, so sehr, dass sie in einer leichten Depression münden kann.

Ich ermutige meine Klienten dazu, ihre Emotionen in Worte zu fassen – die Stimme, die Kritik, das Urteil oder die negativen Botschaften, die in ihrem Unterbewussten leben und hinter den schwermütigen Gefühlen stecken, zu artikulieren. Sobald das Gefühl oder der Zustand verbalisiert wird, haben sie etwas Klareres in der Hand, mit dem sie arbeiten, das sie untersuchen, in Frage stellen oder verstehen können.

Manchmal löst ein unbemerktes Selbsturteil einen energetischen Abschwung oder Kollaps aus. Wir erleben das im Körper als Schwere oder Energielosigkeit. Das passiert leicht nach einer wichtigen Unterhaltung oder Besprechung mit dem Chef, wenn wir etwas „Falsches" gesagt haben. Hinterher überkommt uns plötzlich so eine Lethargie, als ob wir dringend Schlaf brauchen würden. Sie stammt von einer unbemerkten Attacke unseres Kritikers. Wenn wir uns fragen, wie das Urteil, das uns entgangen ist, lautet, erkennen wir vielleicht, dass der Kritiker sagte: „Es hat alles keinen Zweck. Du hast es verpfuscht. Der Chef wird dich für einen Trottel halten." Aus dieser Perspektive erscheint alles als Sisyphusarbeit.

Das Heilmittel für dieses Muster besteht wiederum darin, den Gedanken oder das Urteil, das sich da im Körper als Erschöpfung und Schwere äußert, klar zu artikulieren. Sobald wir etwas in Worte fassen, beginnen wir mit dem beteiligten Gedanken oder Urteil zu arbeiten und seinen Wert zu untersuchen. Wir können uns fragen: „Ist wirklich alles aussichtslos? Habe ich es wirklich vermasselt? Bin ich wirklich ein hoffnungsloser Fall, der sich nicht ändern kann? Stimmt es denn, dass ich als Mensch nicht gut bin?"

Je besser Sie die verschiedenen Wege kennen, auf denen sich der Kritiker bei Ihnen einschleicht – und zwar körperlich, emotional und energetisch – umso wahrscheinlicher werden Sie Strategien entdecken, mit denen Sie seiner Macht und seinem Einfluss entgegenwirken und verlorengegangene Seiten an sich und dem eigenen Leben zurückgewinnen können.

ÜBUNG

Den Einfluss der Urteile reduzieren

Versuchen Sie im Lauf Ihres Tages die verschiedenen Wirkungen zu spüren, die Urteile in Ihnen erzeugen. Wie fühlen Sie sich emotional, körperlich, physisch und geistig, wenn Sie über sich selbst geurteilt haben?

In ähnlicher Weise versuchen Sie, wenn Sie sich dumpf im Kopf, körperlich schwer, hoffnungslos oder einfach nur schlecht fühlen, in Worte zu fassen, welche Urteile die jeweiligen Gefühle ausgelöst haben könnten. (Dazu gehört auch etwas Rätselraten.) Bemühen Sie sich, Ihre gedanklichen Urteile ans Tageslicht zu holen. Schreiben Sie sie in Ihrem Tagebuch auf, wenn Sie mögen.

Sobald Sie eine Ahnung haben, wie die Urteile lauten oder lauten könnten, beginnen Sie mit der analytischen Arbeit. Stellen Sie sich zu jedem Urteil die folgenden Fragen:

- Ist es wahr?
- Was will es mir sagen?
- Was könnte dahinterstecken?
- Kann ich erkennen, dass es einfach *eine* Betrachtungsweise ist, aber nicht die absolute Wahrheit?

Achten Sie darauf, ob sich ein Gefühl der Erleichterung oder Klarheit einstellt, wenn Sie zwischen Ihrem urteilenden Gedanken und Ihrem emotionalen, physischen oder mentalen Zustand differenzieren.

Lassen Sie etwas Abstand zwischen sich und dem Gedanken zu, so, als ob Sie ihn aus der Ferne betrachten, wie einer Wolke, die am Himmel vorüberzieht. Lassen Sie den Gedanken gehen und verlagern Sie Ihre Aufmerksamkeit entweder auf etwas Positiveres oder einfach auf etwas, das im gegenwärtigen Moment gerade geschieht.

Manchmal, wenn der Körper vom Urteilen erschöpft ist, hilft es am besten, sich zu bewegen. Sie könnten nach draußen gehen und einen Spaziergang oder Sportübungen machen, um etwas von dem Schweregefühl zu vertreiben.

KAPITEL FÜNFZEHN

DU BIST AN ALLEM SCHULD

Den Kritiker in Beziehungen verstehen

Wer Menschen beurteilt, hat keine Zeit, sie zu lieben.

MUTTER TERESA

Enge Beziehungen sind übliche Schauplätze, auf denen sich der Kritiker zeigt. Die kritischen Stimmen in unserem Kopf haben sich festgesetzt, als wir die Haltungen und Urteile unserer Herkunftsfamilie und anderer Bezugspersonen internalisiert haben. So überrascht es kaum, dass der Kritiker häufig in länger anhaltenden Beziehungen auf den Plan tritt – nicht nur in der mit dem Ehepartner, sondern auch in der mit den Eltern, den Kindern, Geschwistern und Freunden. Beziehungen sind auch der Schauplatz für Projektionen: Wir neigen dazu, unsere kritischen Gedanken auf unsere Mitmenschen zu projizieren. Manchmal scheint es, als lebten wir mit lauter Kritikern zusammen, inneren und äußeren.

Genau wie wir unsere persönlichsten und die nicht so schönen Seiten an uns für unsere Liebsten aufbewahren, neigen wir auch dazu, den Kritiker eher auf die, die uns am nächsten stehen, loszulassen. Das hat oft verheerende Folgen für uns und die Beziehung.

Ein Beispiel dafür sah ich in einem Kurs, den ich in einem Unternehmen hielt. Jenny, eine leitende Angestellte in einer Consultingfirma, stellte fest, wie sehr sie von den Frauen, mit denen sie zusammenarbeitete, Bestätigung brauchte, egal, ob sie ihr vorgesetzt waren oder nicht. Sie verurteilte sich selbst für dieses Verhalten, da sie sich gern als erfolgreiche und unabhängige Geschäftsfrau sah, die über dem Bedürfnis nach Bestätigung stand.

Obwohl sie sich eigentlich unabhängig fühlte, spürte sie manchmal auch ihre Bedürfnisse und wie verletzlich sie dadurch war. Mit Achtsamkeit tastete sie sich tiefer in ihre Gefühle vor und erkannte, dass sie dem tiefen Bedürfnis entsprangen, von ihrer Mutter gesehen und wertgeschätzt zu werden. Sie erinnerte sich, wie ihre Mutter, als sie ausgezogen war, um zu studieren, sie einmal beiseite genommen und zu ihr gesagt hatte: „Mein Mann hat mich enttäuscht. Deine beiden älteren Schwestern sind missraten. Aber allen voran hast du mich enttäuscht und im Stich gelassen."

Diese Abschiedsworte taten Jenny ätzend weh, wo sie doch drauf und dran war, einen neuen Abschnitt in ihrem Leben zu beginnen. Ihre Mutter war enttäuscht, weil sie sich für ein Bachelor-Studium in Kunst entschieden hatte, anstatt für Naturwissenschaften, um wie ihr Vater Mediziner zu werden. Es war die letzte einer langen Reihe kritischer Attacken, die sie seit der Kindheit von ihrer Mutter zu hören bekommen hatte.

Dreißig Jahre später stand sie noch immer unter dem Einfluss dieser brutalen Sätze ihrer Mutter. Als sie aber erkannte, dass ein Teil von ihr noch das kleine Mädchen war, das verzweifelt Anerkennung von ihrer Mutter brauchte, fing sie (mit ein bisschen Hilfe und Ermutigung) an, mit dieser jungen, bedürftigen Seite von sich verständnisvoller umzugehen. Mit der Zeit heilte diese Wunde allmählich und sie fand echte

Autonomie. (In Kapitel 26 erfahren Sie, wie man Selbstmitgefühl dieser Art heranbilden und kultivieren kann.)

Was Jennys Mutter fehlte, war nicht nur ein grundlegendes Wohlwollen, sondern auch das Wissen darum, was für weitreichende Folgen Worte haben können. Außerdem war sie nicht dazu in der Lage, Menschen, so wie sie sind, zu akzeptieren, heranwachsen und sich entfalten zulassen, so wie sie es brauchen. Wie oft bestehen wir darauf, dass Menschen sich auf eine bestimmte Art verhalten sollen? Wie häufig kritisieren wir andere, wenn sie nicht unseren Erwartungen, Vorstellungen oder Wünschen entsprechen?

Wenn wir diese Akzeptanz nicht haben, werden wir höchstwahrscheinlich weiter urteilen, sobald wir nicht bekommen, was wir wollen. Auch wenn andere uns verletzen, ein Unrecht begehen, irgendwie Mist bauen, uns hängen lassen – wie schnell kommt da der Richter ins Spiel und kritisiert oder verurteilt? Solchen Groll können wir wochenlang, monatelang, ja manchmal ein Leben lang mitschleppen.

Ohne die Fähigkeit zu Verzeihen und sich selbst und anderen Fehlbarkeit zuzugestehen, hält der innere Richter an unmöglich hohen moralischen Maßstäben fest, an denen er uns und andere misst. Sobald wir seinen Vorstellungen nicht gerecht werden, ist er äußerst streng.

Um das klarzustellen: Es geht hier nicht darum, geschehene Verletzungen zu ignorieren, Schmerzliches abzutun oder davor zurückzuscheuen, auszusprechen, was nötig ist. Es geht darum, zu lernen, wie wir mit den Schwierigkeiten, die uns begegnen, angemessen umgehen, ohne uns in Urteilstiraden und rechhaberischer Entrüstung zu verlieren.

Manchmal kann der Kritiker in Beziehungen sehr subtil wirken, und trotzdem dramatische Folgen für unser Wohlergehen haben. Jason, ein Psychologiestudent, fühlte sich unter der schweren Last seines Kritikers wie erdrückt. Er berichtete davon, wie leicht die Bemerkungen anderer Menschen seinen Kritiker auf den Plan riefen. Er erzählte von seiner letzten Beziehung zu einem Mann, der anderen gegenüber ebenfalls sehr kritisch eingestellt gewesen war.

Da sie auf engem Raum zusammengelebt hatten, war er oft in die Schusslinie der Kritik seines Partners geraten. Er berichtete von einem Vorfall, der sich ereignet hatte, als er an seinem freien Tag vom Wandern zurückkam und sein Partner eine scheinbar harmlose Bemerkung machte, die es aber in sich hatte. Sein Partner hatte gesagt, was für ein Glück Jason habe, Zeit zum Wandern zu finden, wo doch im Haushalt so viel zu tun sei. Darauf folgte noch die scheinbar gut gemeinte Frage, ob Jason auf dem Heimweg Milch eingekauft habe. Diese Bemerkungen landeten ganz woanders, als vielleicht beabsichtigt gewesen war. Die Auswirkungen unserer Worte und Taten sind oft radikal verschieden von der ursprünglichen Absicht dahinter.

Trotz der ausgelassenen Stimmung, in der Jason nach seiner Wanderung war, trafen die Fragen einen wunden Punkt. Sie weckten Schuldgefühle in ihm, vielleicht brachte er sich ja nicht genug ein, übernahm nicht seinen fairen Anteil an der Hausarbeit. Sein Partner hatte womöglich das Gefühl, er sei wie selbstverständlich für den Löwenanteil der Arbeiten im Haus zuständig. Und seine Fragen, obwohl vielleicht ganz unschuldig gemeint, lösten in Jason die Urteile aus, die er selbst hegte.

Damit verflog in Jason die Klarheit, die er vom Wandern mitgebracht hatte. Übrig blieb ein Gefühl dumpfer Schwere, als ob er sich im Geiste leise sagte „Ich bin zu egozentrisch, geistesabwesend, und denke nicht an andere."

Wie leicht der Kritiker in uns ausgelöst wird! Und wie achtsam und umsichtig wir sein müssen, um unsere eigene Kritik nicht an unsere Familie und unsere Nächsten weiterzugeben. Nicht, dass wir nicht Kritik üben oder unterscheiden sollten, was funktioniert und was nicht, aber wir sollten auch auf die unbewussten, emotional geladenen Urteile in unseren Worten achten und eine umsichtige, liebevolle Absicht in unser Sprechen und Handeln hineingeben. Wenn wir keine solche Absicht oder Rücksicht hegen, wird die Stimme der Kritik wahrscheinlich in unsere Äußerungen mit einfließen – in unseren Tonfall, in die Wortwahl, die Körpersprache und unser Verhalten allgemein – zum Schaden für unsere Beziehungen.

ÜBUNG

Den Kritiker in unseren Beziehungen untersuchen

Schauen Sie sich Ihre Beziehungen an, zu Ihrer Familie, zu Freunden und zu anderen geliebten Personen und achten Sie darauf, wie der Kritiker sich verhält, wenn Sie mit anderen zusammen sind:

- Urteilen Sie häufig?
- Was löst in Ihnen das Verlangen aus, Menschen, die Ihnen nahe sind, zu kritisieren?
- Welche Gedanken oder Gefühle sind der Motor hinter der Kritik?
- Welche Absicht steckt dahinter, wenn Sie Kritik äußern?
- Wenn Sie gerade in kritisch Verfassung sind – ist Ihre Bemerkung dann nötig (selbst wenn sie gerechtfertigt ist)?
- Wie fühlen Sie sich, wenn Sie gegenüber Personen, die Ihnen nahestehen, kritisch sind?
- Schwingt in Ihren Urteilen Selbstgerechtigkeit mit?
- Sind Ihre Urteile eine Wiederholung von Urteilen, die in der Vergangenheit über Sie abgegeben wurden?
- Welche Auswirkungen haben Ihre Urteile auf das Gefühl der Verbundenheit mit den Menschen um sie herum?
- Messen Sie die Menschen, die Ihnen nahestehen, an höheren als den üblichen (oder unmöglich hohen) Maßstäben?
- Sind Sie mit Ihren Nächsten weniger versöhnlich als mit anderen?

Wenn wir in unseren Beziehungen stärker auf den Kritiker achten, können wir erkennen, dass das meiste Urteilen unbewusst geschieht und wir sehen, wie negativ es sich auf die Menschen in unserer Umgebung auswirken kann. Das sollten wir aber nicht als Grund nehmen, um uns selbst zu verurteilen, sondern lediglich als Information, auf deren Grundlage wir entscheiden können, was wir sagen und was nicht.

TEIL III

DEM KRITIKER MIT ACHTSAMKEIT BEGEGNEN

KAPITEL SECHZEHN

ACHTSAMKEIT

Die Kraft des Gewahrseins

Mit Achtsamkeit ist das bewusste, ausgeglichene Akzeptieren dessen gemeint, was wir gegenwärtig erleben. Es ist nicht komplizierter als das. Es bedeutet, für den gegenwärtigen Moment offen zu sein und ihn anzunehmen, angenehm oder unangenehm, so wie er ist, ohne ihn festzuhalten oder ablehnen.
SYLVIA BOORSTEIN

Falls Sie es noch nicht bemerkt haben: Achtsamkeit ist heute in aller Munde, auf den Titelseiten von Zeitungen und Zeitschriften wie dem *Time Magazine*, der *New York Times, Wired, Psychologie heute* und vielen anderen. Sie wurde in Fernsehsendungen, z. B. bei Oprah Winfrey und *Dr. Oz.* vorgestellt. Konzernchefs, Politiker und Sportler geben an, dass sie ihnen einen Wettbewerbsvorteil bringe. Psychologen, Mediziner und Neurowissenschaftler studieren ihren Nutzen für die mentale und physische Gesundheit.

Was also ist Achtsamkeit? Die einfachste Definition ist „klares Gewahrsein". Das ist die Fähigkeit, gegenwärtig zu sein, bewusst wahrzunehmen, was wir erfahren, von Augenblick zu Augenblick. Dieses Gewahrsein können wir auf unser Denken, den Körper oder auf die Umgebung richten. Es ist sowohl ein geistiger Zustand als auch eine Fähigkeit, die wir durch Übung fördern und entwickeln können. Obwohl wir alle Zugang zu dieser Fähigkeit haben, braucht es Geduld und Ausdauer, um sie in das Gefüge dessen, wer wir sind, zu integrieren.

Während Sie das hier lesen, mögen Sie denken, dass Sie schon gewahr sind, dass Sie bereits wahrnehmen, was vor sich geht. Das mag auf einer Ebene stimmen. Aber wenn Sie genauer hinschauen, da gibt es jeden Tag viele Augenblicke, in denen wir nicht ganz präsent sind. Wenn Sie schon einmal versucht haben, sich in der Meditation auf nur eine Sache zu konzentrieren, sagen wir auf den Atem, wissen Sie genau, was für eine Herausforderung das ist, für lange Zeit aufmerksam zu bleiben.

Nehmen wir eine alltägliche Aktivität wie das Autofahren. Wie oft fahren wir irgendwohin und wenn wir gefragt werden, welchen Weg wir genommen haben, können wir uns mehr nicht an die Straßen erinnern, die wir entlanggefahren sind? Natürlich waren wir nicht komplett unaufmerksam, schließlich haben wir keinen Unfall gebaut und uns nicht verfahren. Aber unser Gedächtnis hängt zum Teil von unserer Aufmerksamkeit ab, und wenn wir nicht achtsam, nicht bewusst sind, und zwar genau dann, wenn geschieht, was geschieht, dann fahren wir vermutlich im Autopiloten. Das ist einer der Gründe, warum wir uns an vieles nicht erinnern.

Der Autopilot übernimmt, wenn wir etwas wie Laufen, Fahren, Geschirrspülen, bereits so oft getan haben, dass wir uns dabei nicht mehr besonders konzentrieren müssen. Es geschieht fast von allein. Deshalb treten wir, wenn wir eine solche Aktivität ausführen, geistig weg oder denken an das, was wir sonst noch alles zu tun haben, oder an die zehn Hauptsorgen auf unserer Liste. Ober wir überlegen, was wir zum Abendessen kochen, sinnen über die Probleme in unserer Beziehung oder die schrecklichen Zustände in der Welt nach. Was auch immer es ist, unsere Aufmerksamkeit ist nicht bei dem, was wir gerade tun. Sie ist woanders.

Dieser geteilte Fokus wird zuweilen als „permanente partielle Aufmerksamkeit“ beschrieben. Unser zum Multitasking fähiges Gehirn erlaubt uns, mehrere Dinge gleichzeitig zu tun – was meist zu unserem Nachteil ist. Oft gehen wir so vor, wenn wir alle Anforderungen eines arbeitsreichen Tages erfüllen wollen, beispielsweise beaufsichtigen wir die Kinder, während wir gleichzeitig die Küche putzen oder wir telefonieren während der Fahrt zur Arbeit mit einem Klienten.

Manchmal verlangt das unser Beruf. Doch es lässt uns nicht ganz präsent sein. Wir sind am Telefon und checken gleichzeitig unsere E-Mails. Wir lesen ein wichtiges Schriftstück und hören gleichzeitig die Nachrichten im Radio. Wir sind bei einem Abendessen eingeladen und schauen gleichzeitig im Smartphone nach Neuigkeiten auf Facebook. Unsere Kinder reden mit uns, während wir versuchen, ein Job-Problem zu lösen.

Das Ergebnis ist, dass wir nicht sehr präsent sind, und das ist das Gegenteil von Achtsamkeit. Ich habe vermeintlich lustige Videos auf YouTube gesehen: Aufnahmen von Menschen die die Straße entlanggehen, während sie auf dem Handy Nachrichten schreiben – und vor die Straßenlaterne laufen, über Bordsteine stolpern, die Treppe runterfallen, oder – in einem Gebirgsort – sogar einen herumstreifenden Bären anrempeln! Ich habe Autos gesehen, die mit einem vergessenen Sixpack Bier auf dem Dach und Kaffeebechern auf dem Kofferraum aus dem Einkaufscenter fahren. Wie oft haben Sie schon Leute erlebt, die nach ihrer Brille suchten, die sie auf der Nase hatten?

Vielleicht sollte uns die allumfassende Unaufmerksamkeit wegen des Schadens, den sie anrichtet, etwas mehr alarmieren, besonders auch, weil wir alle von unseren Bildschirmen und Geräten so aufgesogen werden. Die Beschäftigung mit dem Handy während des Autofahrens ist zur Epidemie geworden. In den Vereinigten Staaten gibt es deswegen jedes Jahr fast 330.000 Unfallverletzte[16]. Laut eines Berichts des Nationalen Sicherheitsrats[17] ist bei 1.6 Millionen Verkehrsunfällen der Gebrauch des Handys die Ursache.

Im Gegensatz zu dem vorherrschenden Glauben, Multitasking helfe dabei, mehr zu leisten, und effektiver zu sein, zeigt die Forschung, dass Multitasking bei der Arbeit[18] sowohl unsere Leistungsfähigkeit als auch die Qualität unserer Arbeit vermindert. Eine von der Medizinfakultät Harvard weit angelegte Feldstudie[19] förderte einige überraschende Ergebnisse über die Folgen von Unaufmerksamkeit zu Tage. In dieser Studie hatten die Forscher den Teilnehmern im Alltag bei der Arbeit drei Fragen gestellt: „Was tun Sie gerade?" „Sind Sie mit Ihrer Aufmerksamkeit dabei?" und „Wie fühlen Sie sich?" Von mehreren tausend Personen wurden über einen wochenlangen Zeitraum die Daten erhoben, indem man ihnen am Telefon diese drei Fragen zu ihrem Tagesablauf stellte.

Es stellte sich heraus, dass die Teilnehmer im Durchschnitt zu 46,9 Prozent des Tages nicht präsent waren. Wenn wir ungefähr ein Drittel des Tages schlafen und während unserer Wachzeit nur halb präsent sind, werden wir mit Sechzig nur zwanzig Jahre lang wach und gegenwärtig gewesen sein! Das ist viel vergeudete Zeit.

Was vielleicht noch wichtiger an den Ergebnissen ist: Die Teilnehmer berichteten, dass sie zufriedener oder glücklicher waren, wenn sie gegenwärtig waren, sogar bei so alltäglichen Verrichtungen wie Wäschewaschen, Geschirrspülen oder Bügeln. Die Studie ergab, dass entgegen dem verbreiteten Glauben die Menschen nicht wirklich zufriedener sind, wenn sie während monotoner Aktivitäten geistig wegtreten oder tagträumen. Deshalb – wenn Sie das nächste Mal Hausputz machen, den Hund ausführen oder eine lange Autofahrt unternehmen, geben Sie Ihre ganze Aufmerksamkeit hinein und schauen Sie selbst, was geschieht.

Seit dem letzten Jahrzehnt steht Achtsamkeit im Rampenlicht, es gibt tausende von Untersuchungen dazu. Obwohl die Forschung noch in den Kinderschuhen steckt, tauchen immer mehr Belege auf, die auf das heilsame Potenzial von Achtsamkeit hinweisen. Es wurde gezeigt, dass sie die Aufmerksamkeit, die Konzentration und das Lernen verbessert, Stress reduziert, hohen Blutdruck senkt und obendrein das Immunsystem und Gedächtnis stärkt. Nicht schlecht für eine einzige geistige Qualität.

Die gute Nachricht ist, dass die Fähigkeit zum Gewahrsein uns allen angeboren ist. Sie liegt im Wesen unseres Bewusstseins. Allerdings sind die meisten Menschen in ihrer Wahrnehmung nicht trainiert. Daher ist die Art, wie wir unsere Aufmerksamkeit benutzen, geringer als optimal. Nehmen wir nur unsere nach Dopamin hungernde Gewohnheit, beständig nach neuer Stimulanz zu suchen, wenn wir am Computer sitzen. Wie oft lassen wir uns verführen, im Internet zu surfen, online zu shoppen oder uns auf Facebook oder Snapchat herumzutreiben, während wir eigentlich an einem Arbeitsprojekt sitzen? Die Unaufmerksamkeit und das schnelle Umschalten verselbständigt sich zu einer neuen Gewohnheit, mit eigenen neuronalen Pfaden, die unsere Konzentration und Effektivität vermindern.

Ein weiterer Grund, warum wir nicht so gut darin sind, präsent zu sein, liegt darin, dass uns zu viele Ablenkungen umgeben. Das macht es schwer, einfach bei uns selbst zu bleiben. In einer anderen Studie[20] wurden die Teilnehmer aufgefordert, eine Viertelstunde lang in einem leeren Raum ohne irgendeine Stimulation zu sitzen und nichts zu tun außer zu denken. Stattdessen konnten sie sich aber auch dafür entscheiden, sich unangenehme Elektroschocks zuzufügen, während sie sich in dem Raum aufhielten. Interessanterweise wählte ein großer Prozentsatz der Teilnehmer (bei den Männern bis 67 Prozent) die Elektroschocks, um dem Unbehagen zu entgehen, ohne jedwede Stimulation allein mit sich und seinen Gedanken zu sein. Ein Teilnehmer gab sich über 180 Elektroschocks! Was würden Sie in dieser Situation tun?

Was uns Achtsamkeit in unserer überstimulierten, aufmerksamkeitsberaubten Kultur bringt, ist ein Gefühl von Erdung und Zentriertheit im Chaos der miteinander wetteifernden Zerstreuungen. Achtsamkeit trainiert unsere Fähigkeit zum Wachsein gegenüber den Ablenkungsimpulsen, so dass wir standhaft bleiben können und nicht auf alles gleich reagieren.

Wenn Achtsamkeit so hilfreich ist, wie können wir damit anfangen? Eine oft gebrauchte Metapher ist das Trainieren von Hundewelpen. Sie wissen wahrscheinlich, dass ein zweimonatiger Welpe kaum zu bändigen ist und auf alles überschwänglich reagiert – jedes Geräusch, jeder Geruch, jede Stimulation und alles, was man kauen kann. Kommt ihnen das bekannt vor?

Es geht darum, zu üben – genau wie der Hundewelpe –, ruhig zu bleiben und still im gegenwärtigen Moment auszuharren, ganz gleich, was um Sie herum vor sich geht.

Der leichteste Weg dafür besteht in einer der einfachsten und ältesten Techniken der Menschheit überhaupt, bei der man seine Aufmerksamkeit auf die Körperempfindungen und den Atem fokussiert und gleichzeitig beobachtet, wann die Gedanken abwandern. Das übt man einige Milliarden Mal, bis das Bewusstsein den Bogen raushat und das Präsentbleiben weniger anstrengend ist. Sobald es leichter geworden ist, können wir unsere gebündelte Aufmerksamkeit auf alles richten – auf das, was wir erfahren, auf unser ganzes Leben.

Aber wie passt das mit der Komplexität des Lebens zusammen? Vielleicht am relevantesten ist für uns, was mit unserer Aufmerksamkeit geschieht, wenn wir unseren gewohnten Aktivitäten nachgehen, beispielsweise am Computer, Smartphone oder beim Fernsehen. Wenn wir achtsam sind, konzentrieren wir uns einfach auf die gerade vor uns liegende Aufgabe, ganz gleich, ob wir einen Text verfassen, Zahlen verarbeiten, programmieren, ein Angebot erstellen oder einen Text durchlesen. Da geben wir nicht gleich jedem Impuls nach, um die Börsennachrichten zu verfolgen, auf eBay ein Schnäppchen oder günstigen Flugtarife für den Sommerurlaub zu finden.

Durch Achtsamkeit werden wir uns bewusst, was wir gerade tun, und diese Klarheit bringt uns die Möglichkeit der Wahl. Sie können lernen, unerwünschte Angewohnheiten abzustellen und an deren Stelle positive zu kultivieren. Und in dem Maße, wie Sie das im Labor der Meditation erlernen, können Sie es auf alle möglichen Aktivitäten anwenden, ob im Sport oder Spiel, beim Programmieren eines Computers oder wenn Sie Ihren Kindern zuhören, die gerade von der Schule heimkommen.

ÜBUNG
Achtsamkeit kultivieren

Achtsamkeit wird seit tausenden von Jahren durch Meditation geübt und kultiviert. Stellen Sie sich Meditation wie ein Bewusstseinslabor vor, wo Gewahrsein in konzentrierter Form produziert wird.

Diese Übung ist eine Meditation, die Ihre Fähigkeit zum Gewahrsein stärken wird, damit Sie Achtsamkeit in Ihr tägliches Leben einbringen können.

1. Finden Sie einen Ort, wo Sie mindestens zehn Minuten ungestört sind. Setzen Sie sich auf einem Stuhl, aufrecht und dabei entspannt, in bequemer Haltung. Lassen Sie den Körper in sich ruhen.
2. Schließen Sie sanft die Augen und richten Sie Ihre Aufmerksamkeit nach innen. Spüren Sie nach, was Sie in diesem Moment im Körper fühlen. Achtsamkeit ist eine Qualität der Aufmerksamkeit, die einladend ist, neugierig zulässt, was ist. Während Sie also mit Ihrer Aufmerksamkeit beim Körper sind, versuchen Sie diese Qualität zu spüren, die das, was im Moment ist, erlaubt und annimmt.
3. Wandern Sie mit Ihrer Aufmerksamkeit durch den gesamten Körper und achten dabei auf Stellen, wo Sie vielleicht unnötig verspannt sind. Sie lassen den Bauchraum und die Schultern locker werden, entspannen Sie die Muskulatur um die Augen, im Gesicht und im Kieferbereich.
4. Sitzen Sie in dieser Körperbewusstheit. Nehmen Sie wahr, wie Ihr Körper von allein atmet, wie der Atem ohne Anstrengung kommt und geht. Der Atem kann so sein, wie er gerade ist.

Widmen Sie ihm Ihre ganze Aufmerksamkeit. Wie atmen Sie in diesem Moment? Ist der Atem lang oder kurz, tief oder flach, entspannt oder mühsam? Achten Sie darauf, wie jedes Atemholen wieder anders ist.

5. Bleiben Sie bei Ihrem Atem, als ob Sie ihm zum allerersten Mal begegnen, als ob dies der erste Atemzug überhaupt wäre.
6. Wo spüren Sie Ihren Atem am deutlichsten? Sind es die Nasenflügel, wo kühle Luft ein- und warme Luft wieder ausströmt? Oder hinten im Hals? Oder im Ausdehnen des Brustkorbs beim Einatmen und im Zusammenziehen beim Ausatmen? Oder vielleicht im Heben und Senken des Bauchraums?
7. Bleiben Sie mit Ihrer Aufmerksamkeit da, wo Sie den Atem am deutlichsten spüren. Nehmen Sie die gesamte Dauer des Ein- und Ausatmens wahr und auch die Pause zwischen den Atemzügen. Seien Sie sich einfach Ihres Körpers bewusst, wie er dasitzt, bis das nächste Einatmen folgt. Wenn in Ihrem Bewusstsein Geräusche auftauchen und verschwinden, Empfindungen, Emotionen, Gedanken und Bilder kommen und gehen, nehmen Sie diese einfach wahr und kommen Sie mit Ihrer Aufmerksamkeit dann zum Atem zurück.
8. Als Hilfestellung können Sie beim Einatmen „Ein“ und beim Ausatmen „Aus“ denken. Das sollte aber nur 5 Prozent der Aufmerksamkeit beanspruchen, während der Hauptfokus auf dem Spüren dessen bleibt, was Sie im Atem empfinden.
9. Wenn Ihre Aufmerksamkeit in Gedanken, Erinnerungen oder Pläneschmieden abschweift, kehren Sie einfach wieder zum Atem zurück. Wieder und wieder. Wenn Sie bemerken, dass Sie denken, ist das an sich schon ein Moment der Achtsamkeit. Darüber zu urteilen ist völlig unnötig, lenken Sie Ihre Aufmerksamkeit einfach zum Atem zurück.

10. Um die Aufmerksamkeit auf den Atem zu vertiefen, konzentrieren Sie sich besonders auf den Beginn eines Atemzugs. Halten Sie Ihre ganze Aufmerksamkeit sachte auf dieser einen Einatmung. Dann achten Sie besonders auf den Beginn des Ausatmens und halten Sie Ihre Aufmerksamkeit ganz bei dieser einen Ausatmung.

11. Es spielt keine Rolle, wie oft Ihre Aufmerksamkeit abwandert oder wie weit Sie sich in Gedanken verlieren, es braucht nur einen Augenblick, um zur Achtsamkeit, zum gegenwärtigen Moment zurückzufinden. Sie kehren zum gegenwärtigen Moment zurück, indem Sie die Verbindung mit dem Körper und Ihrem Atem wieder aufnehmen.

12. Für unseren Verstand ist es normal, dass er denkt. In der Achtsamkeitspraxis treten wir in eine weise Beziehung mit unserem Denken wie auch mit allem, was in unserer Erfahrung geschieht. Deshalb bringen wir unsere Aufmerksamkeit – ohne zu urteilen – immer wieder zum Atem zurück. Verbinden Sie sich und bleiben Sie mit Ihrer Aufmerksamkeit beim Atem, bei jeder Ein- und jeder Ausatmung. Achten Sie darauf, wie jeder Atemzug vom vorhergehenden verschieden ist. Lassen Sie zu, dass Ihr Bewusstsein von jedem Atemzug durchdrungen wird. Achten Sie auf die feinen Empfindungen und Nuancen der Veränderungen im Atem. Wenn Sie merken, dass Sie sich verkrampfen oder den Atem kontrollieren wollen, lockern Sie sich ein wenig und lassen sie Ihren Körper leicht sein.

13. In den letzten wenigen Minuten der Meditation lassen Sie das, was bisher war, los, und beginnen Sie einfach wieder von vorn. Erlauben Sie sich, einfach dazusitzen und sich des Atmens bewusst zu sein. Ruhen Sie in diesem natürlichen Gewahrsein des Atems, wie er kommt und geht.

14. Um die Meditation zu beenden, nehmen Sie sich einen Moment Zeit, um den Körper, das Herz und den Geist zu spüren. Nehmen Sie wahr, was diese Übung bewirkt hat.
15. Wenn Sie bereit sind, öffnen Sie langsam die Augen und bewegen und dehnen Sie sich sanft.

Wenden Sie dieselbe Qualität achtsamer Aufmerksamkeit, wie Sie sie in dieser Meditation praktiziert haben, auf alles an, was Ihnen begegnet. Versuchen Sie, diese Achtsamkeit während des ganzen Tages zu bewahren. Und denken Sie daran, je häufiger Sie dies formell üben, umso besser sind Sie in der Lage, Ihr ganzes Leben mit dieser achtsamen Bewusstheit zu leben.

KAPITEL SIEBZEHN

HALLO, URTEILE!

Verstehen, dass Urteile nur Gedanken sind

Kümmere dich nicht um das, was andere über dich schreiben.
Miss' es nur in Zentimetern.
ANDY WARHOL

Achtsamkeit bedeutet, absichtsvoll aufmerksam zu sein. Sie bringt Klarheit, Bewusstheit und ein Gespür für den Moment der Wahl mit sich. Wenn wir achtsam sind, können wir uns bewusst entscheiden, worauf wir unsere Aufmerksamkeit richten wollen. Das wiederum hilft uns dabei, bei dem, was wir zu tun haben, fokussiert zu bleiben.

Wenn wir uns selbst durch die Linse der Aufmerksamkeit anschauen, bekommen wir ein klares Bewusstsein für uns, wir erwerben die Fähigkeit, uns selbst zu erkennen. Das ist zentral im Umgang mit dem inneren Kritiker. Denn die meiste Zeit nehmen wir das fortwährende Geschnatter in unserem Kopf gar nicht wahr, und noch viel weniger das Geschnatter des Kritikers – es ist zu unserem „Mobiliar" geworden.

Je weniger wir uns unserer urteilenden Gedanken bewusst sind, umso wahrscheinlicher lassen wir sie weiterschnattern und allmählich unser Selbstwertgefühl aushöhlen. Achtsamkeit hilft, Gedanken genauer wahrzunehmen, die guten, die schlechten, die hässlichen – oder „das ganze peinlich-kleinliche Komitee“, wie jemand seinen inneren Richter mal im Spaß nannte. Ohne Gewahrsein können wir auch nichts ändern. Wenn wir klar sehen, welchen Schaden unsere Urteile anrichten, sehen wir auch, dass wir die Freiheit der Wahl haben und Strategien entwickeln können, um ihren Einfluss auf uns zu verringern. Das ist einer der Segen, den uns die Achtsamkeit bringt.

Bei der Achtsamkeit geht es nicht einfach nur darum, dass wir aufmerksam sind. Sie trägt zu Verständnis, Einsicht und größerem Wohlbefinden bei. Wie kommt das zustande? Mit Achtsamkeit lernen wir zu unterscheiden, was uns bekommt und nützt und was nicht. Und mit diesen Informationen können wir besser entscheiden, wie wir handeln wollen. Lassen Sie die negative Stimme Ihres Kritikers einfach weiterleiern? Hören Sie auf sie? Glauben Sie ihr oder tun Sie gar, was sie sagt? Durch unsere Fähigkeit, den Kritiker bewusst wahrzunehmen, können wir uns dazu entscheiden, ihn zu ignorieren und unsere Aufmerksamkeit etwas Konstruktiverem zuzuwenden.

Die Grundlage hierfür ist die Fähigkeit, zwischen einem urteilenden Gedanken und einem, der nicht urteilt, zu unterscheiden. Achtsamkeit hilft, Gedankengänge zu prüfen und zu erkennen, welche Art von Gedanken da vor sich gehen. So können Sie lernen, die Urteile und die übrigen Gedanken auseinanderzuhalten. Sie lernen, sie am Ton zu erkennen – was kritische Töne anschlägt und Sie anbellt, weil Sie etwas vergessen haben, ist ein urteilender Gedanke. Wenn ein Gedanke Ihren Selbstwert in Frage stellt, ist es ein Urteil. Wenn Sie von Selbstvorwürfen wegen einer vergangenen Entscheidung erdrückt werden, können Sie sicher sein, das der Kritiker am Werk ist.

Wenn wir die Linse des Gewahrseins auf unser eigenes Bewusstsein lenken, staunen wir häufig, wie viele Gedanken eigentlich Urteile sind und wie häufig sie vorkommen. Es kann eine lehrreiche und manchmal auch unterhaltsame Übung sein, alle Urteile im Verlauf eines Tages zu zählen. Wenn Sie bis Mittag auf 568 kommen, erkennen Sie, wie grotesk sie alle sind, was Ihnen helfen kann, sie nicht mehr so ernst zu nehmen. Oder aber es wirkt als Weckruf, der Sie anspornt, wirklich etwas gegen dieses Urteilsmuster zu unternehmen.

Anfangs fühlt man sich vielleicht etwas deprimiert oder überwältigt. Beim Praktizieren und Entwickeln der Achtsamkeit kommt es einem manchmal so vor, als mache man Rückschritte. Man sieht ganze Berge von Gedanken vor sich, von denen man gar nicht ahnte, dass man sie hat. Doch es ist besser, sich dessen bewusst zu sein als nicht. Wenn Sie sich ihrer gewahr sind, können Sie sie transformieren und ihre Macht über Sie brechen. Wer würde das nicht wollen?

Ich will Ihnen ein Beispiel geben, wie das geschieht. Ich gebe regelmäßig Meditationsunterricht in einem Zentrum namens Spirit Rock. Es liegt in einer wunderschönen, malerischen Gegend in den Hügeln von Nordkalifornien. Während eines Meditationsretreats dort arbeitete ich mit einer Frau, die Schauspielerin und Theaterleiterin in New York war. Diese Frau, sie war Mitte vierzig, hatte einen besonders lauten und unaufhörlichen plappernden inneren Kritiker. Nicht nur während des gesamten Retreats, sondern auch während ihres ganzen Lebens wurde sie unaufhörlich von Selbsturteilen bombardiert. Sie sagte, das gehöre zum Schauspielerdasein dazu – man gewöhne sich daran. Natürlich gewöhnt man sich nie wirklich an einen alten Nörgler im eigenen Kopf, der ständig stichelt und zensiert. Sie gab zu, dass ihr Leben mit dem Kritiker schlecht zu ertragen sei und es ihr die Schauspielkarriere umso schwerer mache.

Im Verlauf des Retreats verstärkte die Introspektion ihre kritischen Gedanken zunächst ganz erheblich. Das geschieht häufig, wenn man intensiv meditiert. Dann plötzlich, nach dem sie sich eine gute Woche lang in Achtsamkeit geübt hatte, gelang ihr ein Durchbruch. Als sie den Hügel zur Meditationshalle hinunterging, hielt der Kritiker ihr die ganze Zeit vor, dass sie nicht gut genug meditieren könne. Und da, in einem Moment klarer Achtsamkeit konnte sie auf einmal sehen, was der Kritiker eigentlich war. Sie rief aus, erst für sich allein, später sagte sie es auch zu mir: „Der Kritiker ist ja nur ein Gedankenhaufen! Das sind alles nur Gedanken!"

Plötzlich wurde, wie im *Zauberer von Oz*, die Person hinter dem Vorhang enthüllt. Der Kaiser hatte in der Tat keine Kleider an. Die Urteile waren lediglich eine Ansammlung von im Kopf herumkreisenden Worten – Worten, denen jede Verhältnismäßigkeit fehlte und denen viel zu viel Bedeutung beigemessen wurde. Sie erkannte, dass sie, sobald sie ihnen glaubte, ihnen die Macht verlieh, über ihre Glaubwürdigkeit als Schauspielerin und ihren Wert als Mensch zu richten.

Nicht, dass ihr Kritiker danach über Nacht verschwunden wäre. Das geschieht selten, wenn er ein Leben lang in unserem Kopf herumgegeistert ist. Aber sobald wir an die Stichhaltigkeit der Vorwürfe und Urteile nicht mehr glauben und unseren inneren Kritiker nicht mehr als Autorität ansehen, können wir ein radikal anderes Verhältnis zu ihm eingehen. Dann haben wir den Raum, das zu sehen, was da ist – nur ein Haufen Worte. Und so war es auch für die Schauspielerin. Ihr war, als ob ihr eine schwere Last von den Schultern gefallen wäre. Es gelang ihr, sich vom Kritiker zu distanzieren und klarer zu sehen. Ihr Gedanken- und Seelenfrieden war, wenigstens momentweise, in Reichweite und wichtige Grundsteine für ihre Freiheit waren gelegt.

ÜBUNG

Urteilende Gedanken als solche erkennen

Der Schlüssel zu dieser Übung besteht darin, die urteilenden Gedanken – besonders die, die mit negativen Emotionen und Herabwürdigungen geladen sind – von allen übrigen zu unterscheiden, die so durch uns dahintreiben.

Es gibt verschiedene Wege, die kritischen Gedanken im Kopf zu erkennen. Ein einfacher besteht darin, sie wachsam zu beobachten. Dann wenden Sie jedes Mal, sobald Sie bemerken, dass Sie sich wegen irgendetwas verurteilen oder andere kritisieren, die folgende Achtsamkeitstechnik an:

Machen Sie sich eine mentale Notiz, indem Sie das Wort „urteilen" sagen. So wird das Verständnis, dass wir urteilen, herauskristallisiert und die Urteile heben sich von der Kulisse der übrigen Gedanken ab.

Wenn Sie bemerken, dass Sie nun über das Urteilen urteilen (oder sich wegen des Urteilens über Ihr Urteilen verurteilen!), dann wiederholen Sie behutsam die mentale Notiz „urteilen" und achten darauf, dass es nicht streng oder kritisch klingt.

Sehen Sie die Urteile einfach als ein Knäuel von Worten an, die für Sie in der Vergangenheit besonderes Gewicht hatten.

Zur Bestätigung, dass Urteile eben einfach Urteile sind, können Sie sich auch sagen „Urteile sind nun mal so".

Achten Sie, wenn Sie mit Ihrem urteilenden Verstand etwas vertrauter geworden sind, einmal darauf, ob sich Ihr Verhältnis zu den Urteilen irgendwie verändert. Manchmal genügt es schon, einen mentalen Vorgang im Lichte der Achtsamkeit zu betrachten, um sich besser davon distanzieren zu können.

Wenn die urteilenden Gedanken Sie weiter in ihren Sog hineinziehen, dann behalten Sie das Beobachten bei, verlagern Ihre Aufmerksamkeit aber auf etwas anderes als nur auf die Gedanken, auf etwas, das Ihnen hilft, präsent zu bleiben. Beispielsweise können Sie auf den Atem achten, auf Geräusche oder sich etwas Interessantes oder Erfreuliches suchen.

Falls das Ausmaß Ihrer Urteile Sie entmutigt oder noch kritischer macht, denken Sie daran, dass es eine Gelegenheit ist, damit zu arbeiten, wie jedes Mal, wenn Ihnen etwas bewusst wird. Ohne diese Bewusstmachung gibt es keine Hoffnung auf Transformation.

Eine etwas andere Übung, die ganz amüsant sein kann, besteht darin, dass Sie Ihre Urteile jeden Tag eine Woche lang zählen. Was geschieht, wenn Sie sehen, wie häufig sie sind? Finden Sie heraus, ob es Ihnen hilft, sich besser von ihrer klebrigen Macht zu lösen.

KAPITEL ACHTZEHN

UNSER GEIST IST WIE TEFLON

Die Kraft der Nichtidentifikation

Denn an sich ist nichts weder gut noch böse; das Denken macht es erst dazu.
WILLIAM SHAKESPEARE

Eines der größten Geschenke, das die Achtsamkeit mit sich bringt, ist, dass sie uns dazu befähigt, einen Teflon-Geist zu kultivieren. Teflon hat für gewöhnlich ja eher mit Küchenutensilien zu tun, was also ist damit gemeint?

Im Normalfall funktioniert unser Verstand wie ein Klettverschluss. Alles bleibt haften. Das ist so, als ob jene urteilenden Gedanken Widerhaken haben und sich jedes Mal, wenn sie auftauchen, fester an uns heften. Das Ergebnis ist, dass sie sich in unserem Oberstübchen einen dauerhaften Wohnsitz schaffen und alles ausfüllen und besetzt halten.

Die achtsame Bewusstheit schafft im Gegensatz dazu ein Gefühl räumlicher Weite. Wenn wir mit Achtsamkeit an etwas herangehen, erscheint es in weiträumiger Klarheit, so wie wenn wir in der Dunkelheit die Taschenlampe auf etwas richten und dann das Objekt ebenso wie den

Raum drumherum wahrnehmen. Im Lichte der Achtsamkeit können Gedanken klarer gesehen werden und ihre klebrige Eigenschaft verlieren. Das achtsame Bewusstsein ist wie der Himmel und die Gedanken sind wie Wolken, die darüber hinwegziehen. Sie bleiben nirgends haften. Sie schweben dahin, bewegen sich weiter. Sie verdecken den Himmel nicht.

Achtsame Bewusstheit ist wesentlich, wenn wir lernen wollen, uns nicht mit unseren Gedanken zu identifizieren. Das Nichtidentifizieren bedeutet, dass wir unseren Gedanken nicht unbedingt Glauben schenken und nicht für bare Münze nehmen, was sie über uns sagen. Wir sehen sie einfach als konditionierte Vorgänge, die genauso wenig objektiv wahr sind wie alles Übrige. Das Nichtidentifizieren erlaubt uns, uns zu entkoppeln, zu lösen, nicht in die Falle zu tappen.

Wenn wir unsere Innen- und Außenwelt mit Achtsamkeit erfahren, werden wir wie die Dirigenten eines Orchesters, die sich aller Einzelteile der Symphonie bewusst, aber nicht an einen bestimmten Part gebunden sind. Oder wie gelassene Großeltern mit einem Kind in der Trotzphase – das Kind kann weinen, schreien, treten, quietschen, doch Großvater oder Großmutter wissen, dass das vorbei geht und lassen sich nicht aus der Ruhe bringen.

Der zweite wesentliche Faktor, der zur Nichtidentifikation beiträgt, ist das Wissen, dass das, was vom Kritiker kommt, in den meisten Fällen weder richtig noch nützlich ist. Je mehr wir die Argumente des Kritikers unter die Lupe nehmen, umso wahrscheinlicher werden wir uns von ihnen distanzieren. Wir verstehen dann, dass es viel weisere und liebevollere Bereiche in unserer Psyche gibt, die uns mit Klarheit und besserem Rat versorgen, und werden uns daher immer weniger dafür interessieren, was der Kritiker zu sagen hat. Selten nur hat er Originelles zu bieten oder etwas, das uns nicht auch aus einer zuverlässigeren Quelle erreichen könnte.

Ein weiteres Beispiel, wie Nichtidentifikation funktioniert, lässt sich an emotional reaktivem Verhalten veranschaulichen. Erinnern Sie daran, wie Sie sich in einem Streitgespräch emotional in eine bestimmte Sichtweise hineingesteigert haben. Was geschah, als Ihr Standpunkt in Abrede gestellt wurde? Vielleicht reagierten Sie emotional – verteidigten sich, brausten auf, waren empört und entrüstet. Hin und wieder kann einem noch mitten in einem solchen Szenario dämmern, dass die andere Person Recht haben könnte, oder man merkt, wie engstirnig der eigene Standpunkt ist. Lösen Sie sich an dem Punkt für einen Moment von Ihrer Sicht. Wenn Sie sich selbst nicht im Weg stehen, haben Sie plötzlich mehr Raum, spüren größere Leichtigkeit und manchmal einen Hauch von Verlegenheit, weil Sie so beschränkt waren. Hier ist es wieder die Achtsamkeit, die ein Erkennen, Distanzieren und Loslösen möglich macht.

Ein ähnlicher Prozess kann sich vollziehen, wenn sich der innere Kritiker meldet. Je mehr wir ihn mit achtsamer Bewusstheit anschauen, umso eher erkennen wir, was er wirklich ist, und umso eher sind wir in der Lage, uns nicht länger mit ihm zu identifizieren. Es gelingt uns, das, was von ihm kommt, einfach als Gedanken zu betrachten, als Standpunkt mit einer bestimmten Voreingenommenheit und begrenzten Perspektive, die obendrein häufig veraltet und verzerrt ist.

Wenn der Kritiker sie mit Urteilen bombardiert, ermuntere ich die Menschen dazu, zu sagen: „Danke für deine Meinung“ oder: „Danke für deinen Standpunkt“. Eine Abwehrhaltung ist nicht nötig, Sie brauchen seine Urteile nur als das anzusehen, was sie sind: einfach ein Haufen von Meinungen, wie eine Wolkenballung am Himmel. Das macht es so viel leichter, sie weiterziehen zu lassen und wieder Raum und Weite zu finden. So prallen die Urteile, ohne kleben zu bleiben, von uns ab, wie der Regen von einer Fensterscheibe.

Ein letztes entscheidendes Werkzeug, das die Haltung der Nichtidentifikation unterstützt, besteht darin, die Gedanken, Urteile und Kritiken nicht länger als unser Eigentum zu betrachten, für das wir verantwortlich sind. Der meditationserfahrene Psychiater Mark Epstein hat eines seiner Bücher *Gedanken ohne Denker* genannt. Damit weist er auf eine uralte Philosophie hin, die weiß, dass Gedanken sich selbst denken, dass da niemand hinter dem Vorhang steht, der die Fäden zieht, der die

Gedanken denkt. Gedanken geschehen von allein, aufgrund von Ursachen und Bedingungen, die sie in die Existenz bringen.

Julie, eine Buchhalterin in einem Kurs, den ich in Esalen in Big Sur hielt, berichtete von ihren Kämpfen mit dem Kritiker. Sie bemerkte, dass wenn die Zahlen in ihrer persönlichen Buchführung nicht stimmten, sie sich Vorwürfe machte und ihre Fähigkeiten in Frage stelle. Das löste augenblicklich den kritischen Gedanken aus: „Wenn du nicht mal deine eigenen Bilanzen in Ordnung hältst, wie kannst du dann von deinen Kunden erwarten, dass sie dir ihre Buchhaltung anvertrauen?“ Sie sagte, dieser Gedanke tauche wie auf Knopfdruck auf. Sie hatte ihn schon unzählige Male gehört.

Dachte Julie diesen Gedanken? Brachte sie ihn willentlich hervor oder lud ihn ein? Oder geschah er von selbst, ausgelöst durch ihre Konditionierung und durch die Sorge, sich zu verrechnen, weil sie ja akkurat sein musste? Macht das Gehirn das nicht einfach automatisch? Die meisten urteilenden Gedanken geschehen einfach wie der Kniesehnenreflex, genauso wie das Gehirn einem Stimulus den Namen „Vogel“ zuordnet, wenn wir im Frühling morgens vor dem Fenster Gezwitscher hören. Je besser wir verstehen, dass Gedanken sich selbst denken, umso weniger brauchen wir die unnötige Bürde der Verantwortung für unsere Gedanken mitzuschleppen und umso eher können wir sie als unpersönliche Vorgänge nehmen, die einfach weiterzwitschern, ebenso wie die Vögel draußen auch immer weitermachen.

Genau dieses „Nicht- -persönlich-nehmen“ macht Nichtidentifikation möglich. So können wir die urteilenden Gedanken aus der Perspektive des unbeteiligten Beobachters sehen und tragen sie nicht als Last mit uns herum. Und in diesem Moment fangen wir wirklich an, die Weite des Raumes in Gelassenheit und Frieden zu spüren.

ÜBUNG

Nichtidentifikation mit unseren Urteilen

In dieser Übung machen Sie eine kontemplative Meditation. Führen Sie sie möglichst im Freien durch – zum Beispiel auf einer Anhöhe oder am Strand, im Park oder Hof, im Sitzen oder Liegen.

1. Schließen Sie sanft die Augen und stellen Sie sich Ihr Bewusstsein als weiten, offenen blauen Himmel vor.
2. Nun öffnen Sie die Augen und schauen Sie zum Himmel. Imaginieren oder spüren Sie, wie Ihr Bewusstsein und der Raum über Ihnen miteinander verschmelzen und sich so weit ausdehnen wie der Himmel selbst.
3. Stellen Sie sich Ihre Gedanken als Wolken vor, die über die Weite des Himmels hinwegziehen.
4. Nun stellen Sie sich eines ihrer wiederkehrenden Urteile als eine Wolke vor, die über Ihnen schwebt. Konzentrieren Sie sich für einen Moment auf diese Wolke und achten Sie darauf, ob Sie ein Zusammenziehen, eine Verengung Ihrer Perspektive spüren.
5. Beobachten Sie, wie der Himmel die Gedankenwolke ohne Anhaften hält, ohne auch nur im Geringsten dadurch gestört zu sein. Sehen und fühlen Sie überall um die Wolke herum die Weite des Himmels. Erinnern Sie sich daran, dass selbst eine riesige Sturmwolke den offenen Himmel nur vorübergehend verdunkeln kann.
6. Sehen Sie, wie die Wolke, die Ihr Gedankenurteil trägt, langsam und sanft weitertreibt und den weiten Himmel wieder freigibt.
7. Wenn Sie bereit sind, die Kontemplation zu beenden, öffnen Sie langsam die Augen und dehnen und strecken Sie sich ein wenig.

8. Vielleicht hilft Ihnen diese Übung, die Qualität eines Teflon-Geists zu spüren, in dem die Gedanken nicht wie bisher kleben bleiben. Sie sind sich der Gedanken bewusst und können einfach mit ihnen sein, ohne sich auf Kämpfe mit ihnen einzulassen.

KAPITEL NEUNZEHN

ES BLEIBT IN DER FAMILIE

Wo der Kritiker herkommt

Ein gutes Urteil kommt aus Erfahrung, und eine Menge Erfahrungen kommen von schlechten Urteilen.

WILL ROGERS

Haben Sie sich je gefragt, warum um alles in der Welt wir diesen Kritiker überhaupt im Kopf haben? Und, da er so unangenehm ist, wo er eigentlich hergekommen ist und warum?

Für gewöhnlich repräsentiert der Kritiker die verinnerlichte Stimme der Eltern, Lehrer und anderer Bezugspersonen unserer Kindheit und Jugend. Wenn Sie das nächste Mal Ihren Kritiker bemerken, prüfen Sie seinen Tonfall, seine Sprache, sein Anliegen und seinen Blickwinkel. Erinnert er Sie an jemanden? Oder an mehr als eine Person? Es geht dabei nicht darum, den Stimmen aus der Vergangenheit etwas übel zu nehmen, sondern lediglich darum, die Herkunft und den Ursprung des Kritikers zu verstehen.

Eine Klientin aus New York, mit der ich arbeitete, erzählte eine Geschichte aus ihrer Kindheit, die sie in dieser Hinsicht besonders geprägt hatte. Ihre Mutter war als Kind eine erfolgreiche Eiskunstläuferin gewesen. Mit dem Erfolg kam eine zwanghafte Beschäftigung mit ihrer Figur und ihrem Aussehen. Später hegte sie große Ambitionen für ihre Tochter und hoffte, dass diese eine ähnlich erfolgreiche Eiskunstläuferin werden würde. Meine Klientin erinnerte sich, wie ihre Mutter hypersensibel auf ihre Essgewohnheiten geachtet hatte und hyperkritisch gewesen war, wenn sie zu viel aß oder ein winziges bisschen an Gewicht zunahm.

Bedauerlicherweise endete das Ganze damit, dass meine Klientin Essstörungen bekam und sich mit maßregelnden Gedanken über ihr Essen und ihr Gewicht abplagte. Kurzzeitig hatte sie zwar Erfolg auf dem Eis, doch sie war nicht in der Lage, den inneren Druck auszuhalten. Nach einem Zusammenbruch wandte sie sich von dieser Sportart ab und wurde Psychologin, um anderen Menschen mit ähnlichen Problemen zu helfen. Sie hat noch immer mit diesen Stimmen in ihrem Kopf zu tun, die ihre Mutter ihr eingepflanzt hat. Aber nachdem ihr klarer wurde, woher sie kommen, kann sie leichter erkennen, wessen Stimmen es sind und dass sie ihnen keine Aufmerksamkeit zu schenken braucht. Es sind die Probleme ihrer Mutter, nicht ihre eigenen.

Wenn Sie nun nach innen schauen und lauschen – hat Ihr Kritiker die Stimme Ihrer Mutter, Ihres Vaters, Ihrer Großeltern, Ihres Kindermädchens? Manche Stimmen stammen von einer religiösen Autoritätsfigur, zum Beispiel vom Pfarrer der Kirchengemeinde. Gelegentlich ist es die Stimme eines dominanten Lehrers in der Schule oder auch die eines älteren Geschwisterkindes.

Für Heranwachsende sind die Ansichten und Urteile ihrer Freunde und Klassenkameraden oft wichtiger als die ihrer Eltern oder Familie. Der Druck, gemocht zu werden und den allgemeinen Vorstellungen hinsichtlich Aussehen, physischem Können und so weiter zu entsprechen, ist für Teenager enorm hoch. Beziehungserfahrungen in der Jugend prägen die Persönlichkeit ebenso sehr wie die der frühen Kindheit. Das wiederum kann zu verschiedenen Spielarten des inneren Kritikers führen und ihm Würze verleihen. Achten Sie daher darauf, ob Ihr Kritiker auch von Stimmen aus dieser Lebensphase beeinflusst worden ist.

Wenn Sie die Herkunft der kritischen Stimme erst einmal festgestellt haben, können Sie einsehen, dass diese nicht wirklich etwas Ihnen Eigenes ist, sondern etwas, dass sich vor geraumer Zeit in Ihnen angesiedelt hat. Damit können Sie sich leichter davon entkoppeln und lossagen. Es sind Stimmen, die Sie in früher Jugend oder Kindheit verinnerlicht haben. Um die Kindheit zu überstehen und die Zuneigung und Liebe unserer Versorger sicherzustellen, mussten wir uns einfügen und anpassen. Ohne den inneren Kritiker hätten wir in diesem Stadium unseres Lebens den Entzug von Liebe und Fürsorge riskiert.

Während Sie dies lesen, denken Sie vielleicht, dass Ihre Eltern doch gar nicht so kritisch waren. Vielleicht wurden Sie auch atheistisch erzogen und es gab keine religiösen Botschaften, die Sie hätten internalisieren müssen. Woher kamen dann die kritischen Stimmen? Kinder sind wie Schwämme: Sie saugen die sie umgebende Atmosphäre in sich auf. Oft machen sie sich auch zu eigen, wie die Eltern gegenseitig miteinander umgehen.

Jamie, eine meiner Meditationsschülerinnen, war eine erfolgreiche Ärztin. Sie hatte schnell studiert und anschließend wichtige Forschungen auf dem Gebiet der mentalen Gesundheit betrieben. Sie erzählte, dass sie in einer etwas kalten Familie aufgewachsen sei. Es gab keine Feindseligkeiten oder offene Kritik, aber ihre Eltern waren ehrgeizig und strengten sich in ihrem Beruf als Ärzte sehr an. Sie waren unnachgiebig mit sich selbst und gingen oft kritisch mit ihren eigenen Mängeln um.

Die Familienwerte bestanden darin, hart zu arbeiten und nicht locker zu lassen, sich immer noch mehr anzustrengen und sich nicht mit dem Zweitbesten zufrieden zu geben. Manchmal hörte Jamie ihren Vater, wie er sich selbst dafür verurteilte, in seinem Beruf nicht herausragend genug zu sein. Ihre Mutter wies immerzu auf ihre eigenen Unzulänglichkeiten in der Elternschaft hin, während sie zwischen Beruf und Familie jonglierte. Beide kamen aus Migrationsfamilien, und die Fleißkultur wurde bis zur Selbstverletzung auf die Spitze getrieben.

Obwohl sie niemals selbst mit Urteilen bombardiert worden war, hatte Jamie sowohl die Arbeitsmoral als auch die Härte ihrer Eltern internalisiert. Und sogar, nachdem sie eine erfolgreiche Karriere hingelegt hatte, war es nie genug, und ihr Kritiker war ebenso unermüdlich wie sie in ihrer Arbeit. Sie machte sich Vorwürfe, wenn sie einmal frei nahm, und für einen Urlaub brauchte sie stets ein Arbeitsvorhaben. Auch ihre freien Tage widmete sie den neuesten Forschungen auf ihrem Gebiet. Der Erfolg, den sie hatte, verlangte seinen Preis: sie fühlte sich angespannt, eingeengt und unfähig, die einfachen Freuden des Lebens zu genießen.

Mit Achtsamkeit können wir die Quellen einiger unserer Urteilsmuster freilegen. Wir können darin die Stimmen unserer Vorfahren vernehmen. Wir können Mitgefühl mit den Generationen empfinden, die so strenge Worte weitergegeben oder von ihren Familiensystemen und Kulturen geerbt haben. Wir können die Muster generationsübergreifender Verwundung erlösen. Wir brauchen keine Sündenböcke, Mitgefühl erlaubt uns, den größeren Zusammenhang zu sehen – zu sehen, dass es nichts Persönliches, dass es niemandes Schuld ist. Und doch können wir uns positionieren und unseren harschen inneren Stimmen mit Klarheit und Standfestigkeit entgegentreten, ohne ihnen die Worte und Gefühle, die sie uns einreden, abzukaufen.

ÜBUNG

Die Stimme des Kritikers identifizieren

Diese Übung kann eine der hilfreichsten im Umgang mit Kritik überhaupt sein. Sobald Sie die kritische Stimme im Kopf vernehmen, wie sie über Sie selbst oder andere urteilt, sind Sie an der Reihe. Überlegen Sie, wessen Stimme diese Kritik ähnelt. Fragen Sie sich:

- Klingen die Behauptungen oder der harte Tonfall so, wie manchmal in Ihrer Kindheit und Jugend mit Ihnen gesprochen wurde?
- Klingt die kritische Stimme wie die Ihrer Eltern oder anderer Bezugspersonen? Klingt sie mehr nach einem bestimmten Elternteil als nach einem anderen?
- Erinnert sie Sie an weitere Familienmitglieder, vielleicht an eine Schwester oder einen Bruder?
- Hat sie Ähnlichkeit mit einer anderen Person, die in Ihrer Kindheit eine wichtige Rolle gespielt hat, vielleicht mit einer religiösen Autoritätsfigur, einem Pfarrer, Seelsorger, Rabbiner? Oder mit einem Lehrer, der für Sie besonders prägend war?
- Spricht Ihr Kritiker so, wie Ihre Eltern oder Bezugspersonen mit sich selbst gesprochen haben?

Nachdem Sie einigermaßen sicher sind, wessen Stimme der Kritiker ähnelt, können Sie überlegen, was dessen oder deren Hauptsorge in Bezug auf Sie war. Vielleicht war es Ihr Vater, der besorgt darum war, dass Sie selbstständig und finanziell unabhängig werden und deshalb darauf fixiert war, dass Sie gute Noten und eine gute Schulbildung bekamen. Vielleicht machte Ihre Mutter sich Sorgen, weil Sie schüchtern waren, und drängte Sie dazu, extrovertierter zu sein, in der Hoffnung, dass Sie dann nicht so isoliert wären. Beide Arten von Sorgen haben möglicherweise Urteile über Sie erzeugt, die Sie verinnerlicht haben.

Je besser Sie die Herkunft der Stimme Ihres Kritikers zuordnen können, umso leichter wird Ihnen die Erkenntnis fallen, dass es nicht unbedingt Ihre eigene Stimme ist, sondern eine, die Sie geerbt, verinnerlicht oder geborgt haben. Das wiederum macht es leichter, sich selbst und Ihre Identität davon zu trennen.

KAPITEL ZWANZIG

DER WITZ GEHT AUF MEINE KOSTEN

Die komische Seite des Kritikers

Bewahre deinen Sinn für Humor, mein Freund;
wenn du keinen Sinn für Humor hast, ist es nicht mehr lustig.
WAVY GRAVY

In meinen Workshops ist es mir stets ein Anliegen, das Thema des inneren Kritikers mit Humor und Leichtigkeit zu behandeln. Ein Seminar über Urteile kann belastend sein, dagegen hilft eine Haltung spielerischer Heiterkeit, damit die Menschen im Raum nicht von der Schwere niedergedrückt werden.

Oft erzähle ich eine Geschichte darüber, wie man mit dem Kritiker nicht gewinnen kann, um die komische Seite daran zu veranschaulichen. Beispielsweise stellen wir den Wecker für früh am Morgen, weil wir eine edle Absicht haben – vielleicht wollen wir meditieren, joggen oder andere Pflichten erledigen, bevor wir zur Arbeit gehen. Und wenn der Wecker klingelt, flüstert uns der Kritiker, verkleidet als unser Lebensberater, ins

Ohr, „Es ist noch so früh, und du bist müde. Man sagt doch, dass genügend Schlaf so wichtig sei." Also betätigen wir die Schlummertaste und legen uns für eine weitere Stunde aufs Ohr.

Was aber geschieht, wenn wir dann schließlich aufwachen? Der Kritiker meldet sich prompt zurück, doch diesmal nicht als der freundliche Ratgeber, sondern als Tyrann: „Warum bist du nicht aufgestanden, als der Wecker klingelte!? Wieso kannst du nicht konsequent sein? Warum machst du morgens keinen Sport? So kommst du nicht in Form. Die Liste deiner Schwächen wird immer länger." Wir sind verdammt, wenn wir darauf hören, und verdammt, wenn wir es nicht tun. Wie wir's machen, ist es falsch.

Es ist so wichtig zu verstehen, dass wir im Umgang mit dem Kritiker nicht gewinnen können. Erst rät er uns, etwas zu tun und im nächsten Atemzug verurteilt er uns dafür, dass wir es getan haben. Das mit Humor zu betrachten, hilft ungemein. Sonst kann es richtig unerträglich sein. Mit etwas Weitblick ist es leicht zu erkennen, wie lächerlich das Ganze ist, doch wenn wir es glauben, ist es das reinste Elend.

Achtsamkeit gibt uns den Raum, um die lustige Seite zu sehen. Wenn wir zu nah dran sind, zu identifiziert mit der Stimme, verheddern wir uns in den Urteilen und leiden unnötig. Der Raum des Gewahrseins und der Nichtidentifizierung verschafft uns den Weitblick, die Ironie unserer menschlichen Bedingtheit zu erkennen. Genau wie Komiker, die mit Humor die menschlichen Schwächen und Macken bloßstellen, können wir mit unserem Richter verfahren und seine Idiosynkrasien ans Licht bringen.

Eine Art und Weise, wie ich mit dem Kritiker spiele, besteht darin, mich selbst über meine „nicht-so-vollkommenen" Gewohnheiten lustig zu machen, für die mich der Kritiker normalerweise streng ins Gebet nehmen würde. Mein Gedächtnis ist nicht das beste. Ich weiß oft nicht mehr, wo ich bestimmte Dinge, etwa Schlüssel oder meine Geldbörse, hingelegt habe. Und wie so viele Menschen verlasse ich meine Wohnung meist mit nicht wirklich genügend Zeit, um pünktlich zu sein. Dann bin ich unter Druck und raffe alles, was ich brauche, eilig zusammen, bevor ich aus dem Haus gehe. Wenn das Unvermeidliche geschieht und ich etwas, das ich dringend benötige, nicht finden kann, sage ich mir, anstatt mich zu verurteilen: „Mr. Achtsamkeit ist der Sieger des Tages."

So mache ich mich lustig über die Tatsache, dass ich ein Achtsamkeitslehrer bin, der manchmal nicht mal darauf achtet, wo er sein Scheckheft lässt. Niemand, der mit der Überzeugung kommt, dass ein Lehrer für Achtsamkeit ständig präsent sein müsse, würde so etwas erwarten! Desgleichen, wenn ich mich verlaufe oder etwas beim Einkaufen vergesse, obwohl ich es auf meiner Liste hatte. „Mr. Achtsamkeit geht einkaufen", sage ich mir dann mit einem halben Lächeln, was den Sticheleien des Kritikers den Wind aus den Segeln nimmt.

Das heißt nicht, dass ich meine Verantwortung abgebe, mich nicht bemühe oder mir nicht helfen lasse, meine organisatorischen Fähigkeiten zu verbessern. Es heißt nur, dass ich nicht wegen jeder Kleinigkeit oder einer bestimmten Marotte von mir mit mir hadere. Auf alle Forderungen des Kritikers zu hören und sich permanent um Perfektion zu bemühen, ist keine Lösung. Stattdessen kann ich mein Verhältnis zum Kritiker mit allen mir zur Verfügung stehenden Werkzeugen, einschließlich der Geheimwaffe des Humors, transformieren.

Manchmal sind Comics oder Cartoons hilfreich für einen Spritzer Humor im Umgang mit Kritik. In einem Cartoon des *New Yorker* fragt eine Frau ihren Mann etwas abschätzig: „Du hast nur den Nobelpreis bekommen, nicht wahr, mein Lieber?"

Ähnlich witzig fand ich in der Comic-Serie *Rhymes with Orange* einen Cartoon mit dem Titel: „Checkliste, wie man sich erbärmlich fühlen kann". Dort werden Möglichkeiten aufgezeigt, wie wir uns selbst lächerlicher- und bedauernswerterweise dazu bringen, uns scheußlich zu fühlen. Zu einem Bild heißt es: „Denk an all die Menschen, die du regelmäßig enttäuscht." Wenn ich das in meinen Seminaren zitiere, füge ich hinzu: „besonders an die, die deinen Nachnamen tragen!" Im letzten Beitrag auf der Liste, den ich am liebsten mag, heißt es: „Lass all die peinlichen und beschämenden Momente, die Jahre zurückliegen, wieder aufleben." Das ist ein weit verbreiteter Zeitvertreib für unseren Denkmodus, und zwar einer, der nie zum Happy End führt, besonders nicht, wenn der Kritiker das Sagen hat.

Wenn wir lachen, lernen wir nicht nur, den Kritiker nicht so ernst zu nehmen, sondern wir verbinden uns außerdem mit unseren Mitmenschen durch die uns allen gemeine Menschlichkeit. Wir beziehen die Urteile nicht mehr so persönlich auf uns. Wir sehen, dass unser Verstand ein bisschen verrückt ist, was ganz in Ordnung ist, solange wir es auf die leichte Schulter nehmen.

ÜBUNG

Die komische Seite am Kritiker entdecken

Diese Übung wird Ihnen helfen, über den Kritiker zu lachen, oder wenigstens in gnadenlos verrückten Momenten ein bisschen Humor an den Tag zu legen.

Um den Kritiker nicht länger so ernst zu nehmen, hilft mir der Sinn fürs Verspielte, sogar bis hin zum Theatralischen. Sie könnten sich beispielsweise (so mache ich es), Ihren Kritiker als alten englischen Richter vorstellen, mit langer grauer Lockenperücke, wie er über Sie sein schwerwiegendes Urteil fällt.

In ähnlicher Weise können wir die Urteile leichter nehmen, wenn wir sie bis ins Absurde übertreiben. Anstatt sich einfach damit abzufinden, nicht gut im Meditieren zu sein, weil die Gedanken ständig abschweifen – woran uns der Kritiker täglich aufs Neue erinnert –, könnten wir ihm zuzustimmen und noch einen Schritt weitergehen: „Ja, ja, ich bin wahrscheinlich der schlechteste Meditierende, den es je gegeben hat und je geben wird!" Genauso, wenn der Kritiker uns erinnert, was für schlechte Eltern wir sind. Warum nicht hinzufügen: „Ich gehöre wohl zu den schlimmsten Eltern, die die Menschheit je sah!" (Natürlich funktioniert das nur, wenn wir nicht wirklich daran glauben, der oder die Schlechteste der Menschheit zu sein!)

Eine weitere Spielart des Humors ist der Sarkasmus, der uns die in uns und um uns herumschwirrenden Urteile etwas leichter machen kann. Wenn sich mein Kritiker meldet, weil ich den Geburtstag eines guten Freundes vergessen habe, und mir vorhält, was für ein schlechter Mensch ich doch sei, so etwas zu tun, dann erwidere ich: „Ach, meinst du wirklich? Danke für diese überaus nützliche Information" oder „Hast du vielleicht sonst noch etwas Nützliches hinzuzufügen?". Denken Sie sich sarkastische Bemerkungen oder trockene Entgegnungen aus und finden Sie heraus, wie wirksam sie sein können, um vom Richter und seinen Stacheln der Kritik loszukommen.

KAPITEL EINUNDZWANZIG

REALITÄTSABGLEICH

Sind meine Urteile überhaupt wahr?

Glaube nicht alles, was du denkst

ANONYM

Die Gültigkeit dessen, was der Kritiker über uns sagt, würde nur selten einer Prüfung standhalten. Eine Übung, die ich in meinen Kursen zum inneren Kritiker verwende, besteht darin, dass ich die Teilnehmer ihre „Top Ten-Urteile" aufschreiben lasse – ihre zehn häufigsten Urteile über sich selbst. Für gewöhnlich wogen dann erst einmal Wellen des Entsetzens durch den Raum. Oft fragen die Teilnehmer verstört: „Meinst du, ich soll solche Gedanken tatsächlich ans Tageslicht bringen?" Oder sie wollen nervös wissen: „Was, wenn die Leute das sehen? Was, wenn mir jemand über die Schulter guckt und all die abschätzigen Dinge liest, die ich über mich denke?"

Ich erinnere die Teilnehmer dann daran, dass das, was da im Trockengang in unserem Kopf herumpurzelt, ein Haufen loser Gedanken ist, über die wir meistens wenig Konkretes wissen. Wenn wir sie ans Licht bringen und aufschreiben, können wir sie in größerer Klarheit wahrnehmen. Das geschriebene Wort ist deutlicher zu erkennen als der nur im Kopf herumschwirrende Lärm.

Häufig merken wir, wenn wir unsere Urteile schwarz auf weiß lesen, wie voreingenommen und verzerrend sie sind. Mit unserer mehr rationalen Seite können wir feststellen, dass sie weder korrekt sind noch die ganze Geschichte schildern. Wir können sehen, wie engstirnig und inkonsequent vieles daran ist. Das Aufschreiben bringt größere Objektivität in den ansonsten verschwommenen inneren Prozess.

Byron Katie[21] ist eine bekannte spirituelle Lehrerin aus Südkalifornien. Eines der Geschenke, das sie uns in ihren Lehren macht, ist eine Technik, mit deren Hilfe man überprüft, inwieweit die eigenen Gedanken und Glaubenssätze wirklich wahr sind. Sie bittet die Menschen, sich vier Hauptfragen in Bezug auf ihre Gedanken, Ansichten und Vermutungen zu stellen:

1. Ist dieser Gedanke/diese Überzeugung wahr?
2. Kann ich wissen, ob dieser Gedanke/diese Überzeugung wirklich wahr ist?
3. Wie reagiere ich, wenn ich diesen Gedanken/diese Überzeugung glaube? (Oder: Kann ich einen guten Grund nennen, warum ich diesen Gedanken/diese Überzeugung hege?)
4. Wer wäre ich ohne diesen Gedanken/diese Überzeugung?

Dies sind vier sehr wesentliche Fragen, mit denen wir jeden Gedanken überprüfen können. Diese Art des Hinterfragens ist besonders nutzbringend, wenn wir sie auf unser urteilendes Denken anwenden. In meinen Kursen bitte ich die Teilnehmer, nachdem sie ihre Top Ten-Urteile aufgeschrieben haben, jedes davon im Hinblick auf diese vier Fragen zu untersuchen.

In einem Workshop arbeitete ich mit einem jungen Mann aus der Bronx, der kürzlich sein drittes Jahr am College abgebrochen hatte, weil es ihm dort zu stressig gewesen war. Er hatte außerdem das Gefühl, dass ein Universitätsstudium für die vielen Herausforderungen, die sich ihm als Afro-Amerikaner in einer brutalen Umgebung boten, nicht relevant wäre. Das akademische Bildungssystem hatte ihn desillusioniert.

In einer Übung zum inneren Kritiker hatte er als eines seiner zehn Hauptturteile über sich selbst aufgeschrieben: „Ich bin ein schlechter Mensch". Er schleppte große Schuldgefühle mit sich herum, weil er der erste aus seiner Familie war, der überhaupt studierte, und weil seine Eltern so hart gearbeitet hatten, um genügend Geld für die Columbia-Universität zusammenzukratzen.

Wir gingen gemeinsam die vier Fragen durch, beginnend mit: „Ist es wahr, dass du ein schlechter Mensch bist?" Ich bat ihn, sein reales Leben in aller Ehrlichkeit anzuschauen, aber auch Beispiele zu finden, die von seinem gutem Naturell zeugten, obwohl er das Studium abgebrochen und seine Familie enttäuscht hatte. Er nahm sich Zeit zum Überlegen und konnte sehen, wie großzügig, rücksichtsvoll und anteilnehmend er war. Für alle, die ihn umgaben, war offensichtlich, was für ein gutherziger Mensch er war.

Oft halten wir unsere Urteile über uns selbst tatsächlich für wahr. Wir sind überzeugt, dass es so ist. Sogar noch bei der zweiten Frage – „Kann ich sicher sein, dass es wirklich wahr ist?" – führen wir zum Beweis jede Menge zweifelhafte Gründe an. Falls das der Fall ist, müssen wir genauer auf die nächsten beiden Fragen eingehen. Obwohl wir manchmal, wenn wir die zweite Frage sehr tief auf uns wirken lassen, erkennen, dass wir nicht wirklich mit Sicherheit wissen können, ob Überzeugungen wie: „ich bin ein schlechter Mensch" *wirklich* wahr sind.

Als der Student sich nun die Frage: „Wie reagiere ich, wenn ich diesen Gedanken glaube?" vornahm, erkannte er, dass so zu denken ihn klein machte und ihm Schuldgefühle bereitete. Er fühlte sich, als sei er das hart verdiente Geld seiner Familie nicht wert. Es zahlt sich nicht aus – das klingt wie ein ziemlich gutes Rezept zum Unglücklichsein. Es verstärkte eine alte Überzeugung in ihm, dass er nie Erfolg haben werde, weil er nichts konsequent zu Ende bringen könne.

Als ich ihn fragte, wer er ohne jenen Gedanken wäre, ließ er die Vorstellung zu, wie es wohl wäre, davon frei zu sein. Er beschrieb, wie leicht er sich dann fühlen würde, wie jemand, der auf seine Intuition hört, die ihm sagt, wie er sein Leben zu leben habt und dass er sich nicht wegen familiärer Schuld und selbstverursachtem Druck verbiegen müsse. Er öffnete sich der Möglichkeit, auch heikle Entscheidungen treffen zu dürfen, die die Menschen, die er liebt, womöglich tief enttäuschten, und dabei trotzdem ein guter Mensch zu sein, der der Liebe wert ist.

Durch diesen Prozess hindurchzugehen lässt die erdrückende Last der Urteile nicht notwendigerweise verschwinden. Nichtsdestotrotz müssen wir auf die negativen Folgen unserer Urteile und Überzeugungen schauen, um zu erkennen, wie zerstörerisch sie sind. Und wenn wir uns dann ein Leben vorstellen, das frei von diesen negativen Überzeugungen ist, kann uns das umso mehr anfeuern, sie loszulassen, um herauszufinden, was wirklich wahr ist.

Welche Vorstellungen oder Ansichten haben Sie von sich selbst, die unhinterfragt durchgehen? Wenn wir sie nicht prüfen, bilden sie einen festen Bestandteil unserer Identität, einen Teil dessen, wofür wir uns halten. Die Schwierigkeiten setzen ein, wenn wir dementsprechend leben. Wenn wir uns selbst immer wieder erzählen, wir seien unordentlich und bekämen unser Leben nicht auf die Reihe, dann ist es mehr als wahrscheinlich, dass es auch so geschieht und dass alle Effizienz und Ordentlichkeit in uns sabotiert wird.

Lange Zeit hegte ich die Ansicht, dass ich meine beruflichen Angelegenheiten nicht ordentlich organisierte. Ich unterhalte gleichzeitig mehrere Geschäftsbereiche als alleiniger Inhaber. Daher muss ich mit unterschiedlichen Projekten jonglieren, und weil ich viel reisen muss und oft in anderen Ländern unterrichte, wird alles noch komplizierter. Natürlich gibt es da lose Enden und Bälle, die hier und da herunterfallen. Irgendwann stellte ich eine Beraterin ein, die mir über meine geschäftlichen Aktivitäten insgesamt Feedback geben und herausfinden sollte, ob es etwas gab, das rationaler und für mich effektiver gestaltet werden könnte.

Zu meiner großen Überraschung, und entgegen alle Erwartung, dass sie mir eine Fünf in Organisation geben würde, stellte sie fest, dass ich sehr gut organisiert sein müsse, um so viele berufliche Tätigkeiten parallel am Laufen zu halten, und dass ich mir nicht den Kopf über den Kleinkram zerbrechen solle. Meine verzerrte Selbstwahrnehmung war hauptsächlich durch den Blick auf all die Details entstanden, die nicht so glatt liefen. Und so war mein kritischer Verstand zu der Ansicht gekommen, ich sei desorganisiert, weshalb ich mich klein und unfähig fühlte.

Manchmal halten wir an alten Identitäten und Geschichten fest, selbst wenn sie uns peinigen. Wir tun das lieber, statt uns an die gegenwärtige Realität anzupassen, die womöglich ganz anders ist. Warum ist das so? Weil es verunsichern kann, die eingefahrenen Wege zu verlassen. Unser Ego klammert sich um jeden Preis an Vertrautes, weil es sich mit dem, was es kennt, sicher fühlt. Jede Änderung erfordert ein Loslassen, einen Minitod, einen Abschied von einer alten Identität und eine innere Umstrukturierung. Aus der Perspektive des Egos ist das manchmal schier nicht auszuhalten. Doch wenn wir die Freiheit spüren, die aus dem Loslösen von überholten, Schmerz verursachenden Ansichten und Urteilen erwächst, motiviert uns das zu einem Leben in größerem Einklang mit der Realität, anstatt mit dem, was der Kritiker uns glauben macht.

ÜBUNG

Den Standpunkt des Kritikers in Frage stellen

Schreiben Sie eine Liste mit Ihren fünf bis zehn häufigsten Selbsturteilen. Dann wenden Sie die vier folgenden Fragen auf jedes Urteil an und notieren Sie sich Ihre Antworten darauf.

1. Ist dieser Gedanke/diese Überzeugung wahr?
2. Kann ich wissen, ob dieser Gedanke/diese Überzeugung wirklich wahr ist?
3. Wie reagiere ich, wenn ich diesen Gedanken/diese Überzeugung glaube? (Oder: Kann ich einen guten Grund nennen, warum ich diesen Gedanken/diese Überzeugung hege?)
4. Wer wäre ich ohne diesen Gedanken/diese Überzeugung?

Wenn Sie die Fragen anhand einiger Ihrer Urteile durchgegangen sind, achten Sie darauf, was in Ihnen vorgeht. Was ist das für eine Erfahrung, wenn Sie beginnen, die Urteile anzuzweifeln und zu hinterfragen?

Sie können diesen Reflexionsprozess jedes Mal anstoßen, wenn Sie ein Selbsturteil quält. Vielleicht brauchen Sie nur eine oder zwei der Fragen – manchmal reicht die Frage: „Ist dieses Urteil wahr?" Je mehr Sie die Stichhaltigkeit eines kritischen Urteils hinterfragen, umso eher verliert es seine Herrschaft über Sie.

Bei diesem Prozess geht es nicht so sehr darum, neue Sichtweisen zu finden, sondern darum, fälschliche Vorstellungen und lang gehegte Überzeugungen auf ihren Wahrheitsgehalt hin zu untersuchen. Innerer Frieden stellt sich ein, wenn wir erkennen, dass wir uns nicht durch unsere Geschichten, Ansichten oder negativen Gedanken über uns selbst definieren. Je mehr wir uns von der Bürde quälender Selbsturteile, die nicht länger relevant sind, freimachen, umso eher finden wir zu innerem Frieden.

KAPITEL ZWEIUNDZWANZIG

DANKE, KEIN INTERESSE

Mit Desinteresse am Kritiker leben

Es ist der Geist sein eigner Raum, er kann in sich selbst einen Himmel aus der Hölle, und aus dem Himmel eine Hölle schaffen.
JOHN MILTON, DAS VERLORENE PARADIES

In meiner langjährigen Arbeit mit Menschen staune ich immer wieder, wenn ich Personen begegne, die relativ frei vom Fluch des urteilenden Geistes sind. Sie heben sich deutlich von der Masse ab. Sie strahlen etwas Helles aus, das so erfrischend wie selten ist.

Eine Besonderheit haben sie alle gemein: Sie werden nicht von der Stimme des inneren Kritikers belästigt. Die Worte perlen an ihnen ab wie Wasser an einer Ente. Sie haben etwas Gleichmütiges an sich, oft sind sie wie immun gegenüber dem Einfluss kritischer Worte.

Das Geschenk dieser Eigenschaft ist Resilienz. Solchen Menschen macht ein Rückschlag nichts aus. Sie erleben ihn nicht als Versagen oder Unzulänglichkeit, sondern als temporäres Hindernis, das es zu überwinden gilt. Sie begegnen den Herausforderungen des Lebens eher mit einer „das kann ich"-Haltung – und wenn es dann doch nicht klappt, lassen sie sich nicht von den Attacken des Kritikers herunterziehen.

Dass der Kritiker keinen Einfluss auf sie ausübt, geht oft Hand in Hand mit einer optimistischen Sicht auf die Welt und insbesondere auf sich selbst. Sie haben weniger neuronale Verbindungen gebildet, die auf Negatives fokussiert sind. Vielmehr werden ihre Gedanken eher von Positivem angezogen, ob es nun um sie selbst, um andere, um das Leben an sich oder um die Projekte geht, an denen sie gerade arbeiten.

Was können wir anders machen, um den Worten des Kritikers mit mehr Gleichmut zu begegnen? Das Wichtigste ist zu erkennen, dass das, was er sagt, nicht viel wert ist. Seine Urteile enthalten nichts, das wir nicht selbst mit unserem Unterscheidungsvermögen oder durch die Erforschung unseres Gewissens entdecken könnten. Außerdem ereilen uns seine Urteile auf so belastende Art und Weise, dass selbst wenn ein Körnchen Wahrheit oder Nutzen darin wäre, sie durch die negative Färbung der strengen Einwände – und was diese mit unserem Selbstwertgefühl machen – jeden Wert verlieren.

Wenn wir das verstehen, wird es leichter, dem Kritiker nicht so viel Aufmerksamkeit zu schenken. Wir können lernen, ihn als Störgeräusch, wie das Hintergrundrauschen im Radio, wahrzunehmen. Wir können aufhören, ihm so viel Zeit zu widmen.

Als Einstieg, um zu erkennen, wie nutzlos seine Worte sind, können wir darauf achten, wie vorhersagbar der Kritiker ist. Er verhält sich so stereotyp, als käme er aus einem schlechten Drehbuch. Je klarer wir das sehen, umso weniger werden wir von seinen zerstörerischen Kommentaren beeinflusst.

Ich berate einen Universitätsprofessor aus Kalifornien. Als Experte für Immunologie wird er häufig von Regierungsbehörden angefragt, um Vorträge über die neuesten Entwicklungen auf seinem Gebiet zu halten. Im Allgemeinen ist er ein guter und gern gesehener Redner. Er vertraut auf das, worüber er spricht und geht freudig an einen Vortrag heran.

Sobald er aber das Gefühl hat, dass er den Vortrag gerade „vermurkst“, vielleicht weil er einige Informationen vergisst, nicht korrekt aus einer wissenschaftlichen Studie zitiert oder keine Antwort parat hat, dreht sein Kritiker auf. Und das umso stärker, wenn der Fehler für alle sichtbar in seiner Diaschau passiert.

Mit diesem Vorgang ist er aufs Beste vertraut, da er seit über zwanzig Jahren Vorträge hält. Er hat bereits gute Arbeit geleistet und seinen Kritiker in unseren Sitzungen demontiert, mit dem Gefühl, ihn auf gesunde Art im Griff zu haben. Er weiß, dass der Zensor unmittelbar nach dem Vortrag jedes verrutschte Wort, jede nicht gelungene Überleitung, jede nicht hinlänglich beantwortete Frage beanstandet. Auf diesen Ansturm ist er vorbereitet.

Er kann sich jetzt viel eher von der Stimme seines Kritikers distanzieren als früher. Den Zensor mit seiner Leier nimmt er einfach als ein Geräusch in seinem Kopf wahr, wie entfernten Verkehrslärm. Er versteht, dass er ihn nicht sonderlich beachten muss. Einfach ein nonchalantes: „Aha, da bist du also. Danke für Deinen Standpunkt.“ Das scheint genug, um die Wucht der Richtsprüche zu dämpfen. In manchen Momenten braucht er nicht einmal das zu tun, sondern kann den Radiosender der Kritik einfach ignorieren.

Es hilft uns, die üblichen Auslöser zu kennen, zu wissen, was den Kritiker auf den Plan ruft. Oft meldet er sich, wenn Ängste da sind, wenn wir uns verletzlich fühlen und Vorwürfe befürchten, weil wir etwas „vermasselt“ haben. Mit diesem Wissen können wir vorhersagen, wann bestimmte Urteile herausgekramt werden. Die Verletzlichkeiten oder Ängste können wir behutsam angehen und gleichzeitig üben, der Kritik weniger Aufmerksamkeit zu schenken. Wir können uns beispielsweise vorstellen, da wäre ein Politiker in den Fernsehnachrichten, der sich über irgendetwas ereifert. Wenn wir nicht an seiner politischen Haltung interessiert sind, können wir die Worte einfach an uns vorbeirauschen lassen.

ÜBUNG
Desinteresse am Kritiker entwickeln

Sie können sich darin üben, Desinteresse an den Worten des Kritikers zu entwickeln. Allerdings braucht es Zeit, um zu lernen, wie wir den Kritiker ignorieren, nachdem wir ihm in der Vergangenheit so viel Aufmerksamkeit haben zukommen lassen.

Versuchen Sie jedes Mal, wenn Sie bemerken, dass der Kritiker urteilt, seine Worte wie am Himmel vorüberziehende Wolken zu betrachten, oder wie ein altes Lied, einen Ohrwurm, der sich unentwegt im Kopf abspult. Sie wissen, dass die Stimme des Kritikers da ist, aber sie kann im Hintergrund bleiben. Sie brauchen sich keine Zeit dafür zu nehmen. Das erfordert aber, dass Sie Ihre Aufmerksamkeit auf etwas anderes lenken, auf etwas im Vordergrund. Richten Sie Ihr Gewahrsein auf etwas Körperliches, mit den Sinnen Erfahrbares, das im gegenwärtigen Moment geschieht, sei es innerlich oder äußerlich. Nehmen Sie sich Zeit zu genießen, was stimulierend oder angenehm ist. Spüren Sie nach, was in Körper, Geist und Seele geschieht, während Sie es tun.

Eine weitere Technik, die Sie anwenden können, wenn die Stimme des Kritikers spricht, besteht darin, ihm schnell etwas zu entgegnen. Eine meiner üblicheren Reaktionen ist: „Also, bitte…!" zu sagen. In einem gelangweilten Tonfall, so wie wenn mir jemand etwas erzählt, dass ich schon fünfzig Mal gehört habe und das mich nun wirklich sehr langweilt, weil ich es schon so gut kenne – was auf den Kritiker ja zutrifft. Solche Entgegnungen signalisieren eindeutig, dass ich kein Interesse habe und meine Aufmerksamkeit lieber auf etwas anderes lenken möchte. Versuchen auch Sie, dem Kritiker etwas zu erwidern – seien es einzelne Worte, ein Satz oder ein Mantra – das Ihnen schnell zur Hand ist, während Sie gleichzeitig sein Urteil ignorieren und Ihre Aufmerksamkeit auf etwas Nützlicheres oder Befriedigenderes verlagern.

TEIL IV

DIE KRAFT DER LIEBE

KAPITEL DREIUNDZWANZIG

SICH MIT SICH SELBST ANFREUNDEN

Du bist nicht dein Feind

Sei du selbst – alle anderen sind schon vergeben.

OSCAR WILDE

Der Wandel von einem Leben unter dem Diktat des verurteilenden Geistes zu einem Leben in freundlicher Güte ist vielleicht der wichtigste Teil unserer Arbeit mit dem Kritiker. Sie verlangt von uns, alles, was wir sind, mit einzuschließen – das Gute, das Schlechte und das Hässliche. Es kann einen radikalen Wandel in unserer Innenwelt bedeuten, wenn wir die Anteile in uns, die wir verleugnen, unterdrücken oder ablehnen, in unser Herz lassen und willkommen heißen.

C.G. Jung[22] schrieb, dass man nicht erleuchtet wird, indem man sich Lichtgestalten vorstellt, sondern indem man sich die Dunkelheit bewusst mache. Letzteres sei jedoch unerquicklich und daher nicht beliebt… Eine Weile können wir versuchen, dem Licht nachzulaufen, wie es bei manch einer spirituellen Suche in der Hoffnung geschieht, die schwierigen, mühseligen Aspekte des Lebens zu umgehen. Aber letzten Endes funktioniert das nicht. Echtes spirituelles Wachstum muss alles, was und wer wir sind, mit einschließen.

Glücklicherweise weiß das Leben uns zu ermutigen, damit wir uns auch um unsere abgespaltenen und verborgenen Persönlichkeitsaspekte kümmern. In jedem Leben gibt es die Sehnsucht nach Integration. Ab einem bestimmten Punkt haben wir keine Wahl mehr. Das Leben erwischt uns eiskalt von hinten oder schlägt uns ins Gesicht, um uns aufzuwecken. Es zeigt uns Wege, den Schmerz zu erkennen, der entstanden ist, weil wir lebenswichtige Anteile unserer selbst abgelehnt und abgespaltet haben. Auf jeden Fall war das bei mir so.

Auf meiner eigenen spirituellen Reise hatte ich, wie viele junge, idealistische Sucher, eine verquere Vorstellung davon, was Erleuchtung ist. Ich war sicher, sie würde weit entfernt vom schmutzigen Alltagsleben liegen. Jenseits des Durcheinanders von emotionalen Schmerzen und Beziehungskonflikten. Ich wollte über all das hinausgelangen, es transzendieren, damit die Herausforderung, Mensch zu sein, nicht so weh tat.

Östliche Meditationstraditionen schienen einen Ausweg zu bieten. Ich begab mich auf die Überholspur in Sachen Meditation, stets ausgerichtet auf das Licht. Mein Ziel war, zu erwachen und meine inneren Kämpfe zu überwinden. Was ich damals nicht sah, war, dass die Ausrichtung meiner Suche nicht stimmte, weil sie aus dem unbewussten Antrieb kam, dem Schmerz zu entgehen.

Ein so naives Streben entsteht aus der Unfähigkeit, sich seinen verletzlichen, zarten Seiten und Wunden zuzuwenden. Aber auf der Reise, die vom Schmerz des inneren Kritikers heilt, geschieht die wesentliche Transformation dann, wenn wir uns mit Güte uns selbst zuwenden. Das erlaubt uns, den Schmerz der eigenen Verluste, Ängste und Verletzlichkeiten zu halten, genauso wie wir uns einem Freund in Not zuwenden würden.

Manchmal ist der Drang, alles zu transzendieren und ins Licht zu gehen, ein Anzeichen für den Grad der unbeachteten Schmerzen, die geduldig auf Heilung warten. Das sehe ich häufig in meinen Meditationskursen. Wenn ich die Intensität der Suche sehe, frage ich mich oftmals, welche Herausforderung, welches Trauma wohl unterhalb des Wunsches nach Transzendierung liegen mag.

Die meiste Zeit meines Lebens war ich mir der Ebenen meiner Traumata und Verletzungen gar nicht bewusst. Es gab Anteile in mir, die sich unglaublich zerbrechlich und traurig fühlten. Teile meines Herzens waren in Angst, Isolierung und Betäubung wie eingefroren. Doch je mehr ich mich dem spirituellen Weg öffnete, umso weiter wurde die Kluft zwischen der Klarheit und dem Licht, die ich suchte, und den Schmerzen in meinem Innern. Der Kritiker war Anzeichen und Warnung, dass etwas nicht stimmte, eine Manifestation dessen, wie ich mich gegen mich selbst gewendet hatte. Meine Suche nach dem Licht war eigentlich eine Abwehr gegen die innere Trauer und den Schmerz.

Die Reise verlangte von mir, dass ich aufhörte, fliehen zu wollen. Es war notwendig, Integration und Ganzheit gerade hier, in meinem eigenen Körper, in meiner eigenen Haut zu finden. Der Frieden, nach dem ich suchte, lag nicht irgendwo in einer himmlischen Welt oder in einer ekstatisch mystischen Erfahrung, sondern in liebender Akzeptanz meines gesamten Wesens. Und das ist die Reise des Abstiegs, die Reise ins Herz. Wir müssen gewillt sein, mit dem zu leben, was immer wir dort entdecken, und das in Liebe, Akzeptanz und Sanftheit zu halten.

Der Kritiker, so sehr er sich auch bemüht, weiß nicht, wie er, außer mit Ängsten und Urteilen, mit diesen wunden Seiten umgehen soll. In der Regel werden unsere inneren verletzten Anteile von der Familie, den Freunden und der Gesellschaft nicht gutgeheißen. Uns wurde beigebracht, dass wir schwach sind, wenn wir so empfinden. Und dass wir disziplinlos und selbstmitleidig sind, wenn wir darüber sprechen oder dem Thema viel Aufmerksamkeit schenken. Wir haben gelernt, solche Emotionen zu verbergen und eine tapfere Miene aufzusetzen.

Der Kritiker wacht darüber, dass wir keine wunden Stellen zeigen, die uns schaden oder ausgenutzt werden könnten. Er unterdrückt unsere Gefühle durch harte, beschämende Worte. Diese Gewohnheit wird uns zur zweiten Natur, und mit dem Erwachsenwerden entfernen wir uns immer weiter von unseren weichen, zarten Seiten. Doch obwohl sie im Verborgenen bleiben, üben sie weiterhin einen mächtigen Einfluss auf unser Verhalten aus.

Ich arbeite mit erfolgreichen, bekannten Menschen, die mit dieser Spaltung leben. Nach außen wirken sie charmant, gesellig und haben auf ihrem Gebiet Erfolg. In ihrem Innern schlummern jedoch Verwundungen, Ängste und Selbstzweifel. Sie schämen sich bestimmter Gefühle, die aus der Kindheit fortdauern. Oftmals sind solche Menschen, wenn es um ihre wunden Punkte geht, nicht willens, eine sensible und mitfühlende Haltung diesen gegenüber einzunehmen. Sie sind sehr streng mit sich oder mit einem ihrer Charakterzüge. Sie sagen häufig, dass sie dieses ganze innere, unangenehme Zeugs einfach loswerden und vorwärtskommen wollen. Manchmal ist ihr Erfolg die Reaktion auf früher erlebten Schmerz.

Warum kommen sie zu mir, wo sie so erfolgreich sind? Es hat sich gezeigt, dass sie sich, je mehr sie diese Seiten von sich leugnen oder wegschieben, innerlich umso zerrissener fühlen. Die äußeren Triumphe werden schaler und hohler, wenn sie erkennen, wie schwer es ihnen fällt, in ihrem kleinen stillen Zuhause mit sich allein zu sein.

Was nützen all die Errungenschaften, wenn sie spüren, dass sie mit sich allein nicht in Frieden sein können? Sie sind unfähig, schmerzhafte Gefühle zu ertragen und können sie nur verächtlich abtun und verurteilen, was zwangsläufig ein inneres Schlachtfeld erzeugt. So ein Verhalten hinterlässt eine große Leere, der man verzweifelt zu entgehen versucht.

Ted ist ein hervorragender Neurochirurg aus Vermont. Er hat alles, was man sich nur vorstellen kann: Eine wunderbare Familie, drei gesunde Töchter, eine gutgehende privatärztliche Praxis und er gilt auf seinem Gebiet als Kapazität. Doch wenn er allein ist, fühlt er sich einsam und traurig. In unserer Arbeit erforschten wir die intensiven Gefühle, die aus seiner Kindheit nachwirken, wo er auf tragische Weise beide Eltern durch einen Autounfall verloren hat. Er fühlte sich unglaublich verlassen, verloren und mutterseelenallein.

Nachdem er eine Zeit lang die Schule geschwänzt hatte und viel bemitleidet worden war, da man annahm, sein Leben sei nun fatal verpfuscht, hatte er sich entschlossen, den Schwarzsehern das Gegenteil zu beweisen. Er wollte ihnen zeigen, wie zäh er war und dass er es allein schaffen konnte. Er wurde hart und büffelte für die Schule, bis er alle seine Mitschüler leistungsmäßig übertraf. Wenn er auch nur einen Anflug von Trauer spürte, stürzte er sich nur umso tiefer in die Arbeit und schämte sich seiner Schwäche.

Erst als er sich der Kluft in seinem Innern bewusst wurde, die von Ängsten und vom Kritiker herrührte, konnte er nach und nach seine Verlustschmerzen integrieren. Er erkannte, dass er sich weder abzuwenden noch sich selbst zu verurteilen brauchte. Er lief nicht länger vor sich selbst weg, sondern wandte sich liebevoll und gütig jenen jüngeren Anteilen in sich zu, die sich allein und im Stich gelassen fühlten. Er sah, wie er dem Gefühl des Verlassenseins Nahrung gab, wenn er seine eigenen Bedürfnisse ignorierte, und so ließ er von der unaufhörlichen Suche nach äußerer Belohnung und Anerkennung ab, mit der er versucht hatte, die innere Leere auszufüllen. Stattdessen lud er sich nun weniger Projekte auf und machte seinen Frieden damit, wer und wo er war.

Das Leben ermutigt uns, integer und aufrichtig zu sein und nach Ganzheit zu streben. Nicht auf diese Dinge ausgerichtet zu sein, ist zwangsläufig schmerzhaft. Es liegt im Wesen der Wirklichkeit, uns zu einem Leben in Harmonie mit den universellen Gesetzen zu bewegen. Tun wir das nicht, leiden wir.

Um uns vom Leiden zu befreien, müssen wir die wichtige Reise der Integration antreten und uns mit uns selbst anfreunden. Wir müssen uns unseren Ängsten, Schmerzen und Unsicherheiten mit liebender Güte zuwenden, anstatt uns von unserem Richter verfolgen und abstrafen zu lassen. Wir können lernen, uns von ihm zu distanzieren, sensibel auf jene schwierigen Anteile in uns zu hören und uns zärtlich um sie zu kümmern.

Einen gesunden Meilenstein auf dieser Reise der Integration haben wir erreicht, wenn es uns gelingt, uns mit unserem eigenen Leid genauso anzufreunden wie mit dem unserer Nächsten und Liebsten. Dann sind wir fähig, mit uns selbst mitzufühlen, wenn wir zu kämpfen haben. Wir werden uns selbst zum besten Freund, wenn wir in emotionalen Sackgassen stecken. Das ist nicht unbedingt leicht. Es braucht Geduld und Mut, uns gerade den schwierigen Seiten in uns zuzuwenden und sie weder zu verurteilen, noch in Abwehr oder Scham abzugleiten. Dafür müssen wir den Kritiker auf Distanz halten, mit fester mitfühlender Kraft, die in dem Prozess keine Einmischung duldet, keinen Raum, uns zu schämen oder schwach zu fühlen. Wir brauchen die innere Distanz vom urteilenden Denken, um unsere zarten, verletzlicheren Gefühlsregungen hervorkommen zu lassen.

ÜBUNG

Innere Wunden heilen

Der Dichter Rumi schreibt in seinem berühmten Gedicht über das menschliche Herz als Gasthaus[23]:

Ein Gasthaus ist dieses menschliche Dasein.
Jeden Tag eine Neuankunft.
Eine Freude, ein Kummer, eine Gemeinheit,
ein kurzes Achtsamsein
kommt als unerwarteter Gast.

Heiße alle willkommen und mach's allen schön!
Auch wenn sie ein Haufen Leid sind,
die dir brutal alle Möbel rausfegen.

Egal. Behandle jeden Gast mit Respekt…
Den dunklen Gedanken, der Scham, der Boshaftigkeit…
Öffne allen mit Lachen die Tür
und lade sie ein, deine Gäste zu sein.
[…]

Wie wäre es wohl, wenn wir alle schmerzlichen Emotionen hereinließen, wie Rumi es vorschlägt? Wie wäre es, diesen Wandel vom Abwehren zum Umarmen zu vollziehen, ganz gleich, was da im Körper und im Herzen schlummert? Die folgende Meditation kann dazu beitragen, das zu erforschen.

1. Finden Sie einen Ort, wo Sie mindestens zehn Minuten lang ungestört sein können. Suchen Sie sich einen Stuhl, auf dem Sie aufrecht, aber entspannt sitzen können und nehmen Sie eine bequeme Haltung ein.
2. Schließen Sie sanft die Augen und wandern Sie mit Ihrer Aufmerksamkeit zu den Empfindungen in Ihrem Körper und zum Atem.
3. Sobald Sie zur Ruhe gekommen und präsent sind, nehmen Sie sich Zeit, um eine Verletzung oder eine schwierige Emotion, die aus der Vergangenheit stammen könnte, zu erforschen. Rufen Sie sich etwas in Erinnerung, das Sie seit Ihrer Kindheit oder Jugend, oder auch erst seit Kurzem belastet. Bleiben Sie auf Herz und Körper eingestimmt. Spüren Sie allen Emotionen nach, die vielleicht da sein könnten.
4. Gibt es in Ihnen eine Tendenz, die schmerzliche Empfindung, Verletzlichkeit oder Traurigkeit, was immer da ist, abzuwehren? Dass Sie, anstatt den Schmerz zu fühlen, sich in Gedanken oder Ablenkungen verlieren?

5. Wenn Sie sich mit einer schmerzhaften Erinnerung oder Emotion verbinden, nehmen Sie sich einen Augenblick, um sie willkommen zu heißen und wirklich hereinzulassen. Widmen Sie ihr freundliche Aufmerksamkeit.

6. Achten Sie darauf, ob urteilende Gedanken oder Reaktionen auf die Gefühle kommen. Sie können Ihrem Kritiker freundlich aber bestimmt sagen, dass Sie nicht auf seine Kommentare hören werden, dass Sie einen inneren Raum schaffen wollen, um das zu spüren, was unter der Oberfläche liegt.

7. Falls die Empfindung heftig ist, machen Sie ein paar langsame, tiefe Atemzüge und versuchen einfach, an dieser verletzlichen Stelle in sich zu verweilen. Wenn die Gefühle zu stark aufwallen, verlagern Sie Ihre Aufmerksamkeit auf etwas Neutrales, etwa auf Ihren Atem oder auf die Geräusche um Sie herum, bis Sie wieder geerdet sind.

8. Nehmen Sie wahr, ob Erregung oder Unruhe da ist, oder der Drang, zu fliehen oder in Gedanken abzuschweifen. Falls das geschieht, lenken Sie Ihre Aufmerksamkeit sanft wieder auf die Empfindung zurück, die gerade da ist, und zwar immer wieder. Je tiefer Sie sich auf die zarten Empfindungen einlassen, umso eher kann Ihre liebevolle Präsenz erlauben, dass sich etwas löst.

9. Fahren Sie fort, den schwierigen Emotionen liebevolle Aufmerksamkeit zu schenken. Sie könnten Worte zur Hilfe nehmen, um Ihre Anteilnahme oder Liebe auszudrücken, beispielsweise in einer Formulierung wie: „Möge ich meinen Schmerz mit Güte halten können“ oder: „Möge ich mich so annehmen und lieben, wie ich bin“ oder: „Möge ich frei von Schmerzen sein.“

10. Wenn Sie bereit sind, die Meditation zu beenden, öffnen Sie langsam die Augen und bewegen und strecken Sie sich sanft.

Nehmen Sie wahr, wie Sie sich nach dieser Übung fühlen. Manchmal ist es nicht leicht, sein Leiden auszuhalten. Doch schon die Absicht, es zu tun, kann helfen, weicher zu werden, sich tiefsitzendem Schmerz zu öffnen und vielleicht ein wenig davon zu verstehen.

Wenn Sie sich wieder in Ihrem Alltag begeben, versuchen Sie jedes Mal, wenn Verletzungen oder Schmerz auftauchen, Ihren Emotionen mit derselben liebevollen Aufmerksamkeit zu begegnen. Sie können das jederzeit praktizieren, sobald sich heftige oder schwierige Gefühle melden. Denken Sie daran, dass Heilung Zeit braucht, Geduld und sehr viel liebende Aufmerksamkeit.

Wenn diese Übung etwas in Ihnen bewirkt, könnte Sie auch die RAIN-Übung* im letzten Kapitel 31 „Werkzeugkoffer" einmal ausprobieren, um die quälenden Gefühle näher zu erforschen.

* Das RAIN-Akronym steht im Englischen für „Recognizing, Allowing, Inquiring, Not indentifying".

KAPITEL VIERUNDZWANZIG

DIE KRAFT DER VERLETZLICHKEIT

Die verborgene Stärke des Herzens

Schmetterlinge können Ihre Flügel nicht sehen. Sie können nicht sehen, wie wunderschön sie sind, aber alle anderen können es. Mit den Menschen ist es genauso.

NAYA RIVERA

Noch immer fühle ich mich häufig gedemütigt durch den Kritiker. Ich praktiziere einerseits Achtsamkeit und fühle mich andererseits noch immer schlecht, wenn ich manchmal vergesse, wo ich mein Auto geparkt habe. Trotz all der Zeit, die ich mit dem Kritiker arbeite, geht er mir manchmal noch ganz schön unter die Haut. Er kann immer noch dieses Gefühl der Wertlosigkeit auslösen, das sich wie Nebel einschleicht. Er kann mich immer noch wegen der geringsten Kleinigkeit überfallen, wahrscheinlich um mich vor dem Gefühl, verletzlich zu sein, zu bewahren.

Ich weiß noch, wie mich der Kritiker vor vielen Jahren, nach einer langen Periode des Schweigens, wieder unter Beschuss nahm. Schwer zu sagen, wodurch das ausgelöst wurde. Manchmal kommen solche Wellen aus heiterem Himmel. Diesmal war ich besonders gefordert: Es ging um die Verwaltung meiner verschiedenen Arbeitsprojekte, und ich hatte bei einer geschäftlichen Transaktion Geld verloren. Eine hohe Arbeitsbelastung und Stress führten dazu, dass ich Freundschaften vernachlässigte und meine Beziehung litt. Es fühlte sich an, als ob viele Details meines Lebens durch die Ritzen fielen.

Manchmal, wenn die Urteile scheinbar nicht enden wollten, wurde ich sehr niedergeschlagen. Es kam mir vor, als ob nichts, was ich tat, je genügen würde. Was dieses Gefühl aufrechterhielt, war der Umstand, dass ich mich mehr mit dem Kritiker verbündete als mit meinem Selbst. Ich rechtfertigte seine harsche Kritik. „Warum kann ich meine Sachen auch nicht beisammenhalten!? Warum enttäusche ich die Leute und verliere Geld?", schimpfte seine Stimme. Mir schien diese Ansicht gerechtfertigt.

Eine natürliche Reaktion auf derartigen Schmerz ist, sich zu verhärten, anzuspannen und sich zu verschließen, anstatt zu fühlen. Das ist kein Wunder, wenn man bedenkt, wie weh es tut. Problematisch ist diese Haltung, weil sie alles beherrscht und wir emotional erstarren. Sie hilft uns nicht, effektiv mit diesen kritischen Stimmen im Kopf oder der damit verbundenen emotionalen Belastung umzugehen. Sie legt den Prozess auf Eis oder verschleppt ihn.

Irgendwann brach etwas in mir auf und ich spürte, wie sehr ich unter der verächtlichen Stimme des Kritikers litt. Ich war zutiefst betroffen, dass sie mich schon so lange beherrschte und immer noch wirkte. Man könnte sagen, der Kritiker verurteilte mich, weil ich nicht besser mit ihm gearbeitet hatte! Das Fazit war, dass ich mich nackt und schutzlos fühlte.

Dieses Gefühl der Blöße ist ein Schlüssel, um mit der eigenen Verletzlichkeit zu arbeiten. Beides fühlt sich oft gleich an. Die Herausforderung besteht darin, sich mit der in unserem Menschsein angelegten Verletzlichkeit zu arrangieren und wohlzufühlen. Wenn wir sie in liebevoller Aufmerksamkeit annehmen, können sich die leidvollen Gefühle entfalten und allmählich durch uns hindurchbewegen.

Bei der Arbeit mit dem Kritiker ist es wichtig, ihm unsere Gefolgschaft zu entziehen und diese auf uns selbst zu verlagern. Genau wie wir einem guten Freund beistehen würden, müssen wir uns selbst bei der Hand nehmen und durch diese schwierigen, schmerzlichen Gefühlsregionen führen. Wir müssen unserem Leid mit einem gütigem Herzen begegnen und es liebevoll umarmen. Wie einen geliebten Menschen, der gerade etwas Schmerzvolles durchmacht. Das ist die angemessene Reaktion, wenn uns die Urteile zusetzen. Sylvia Boorstein, eine meiner Kolleginnen, kann uns als Vorbild dienen durch die Art, wie sie mit sich selbst spricht, wenn sie mit sich hadert. Sie sagt dann: „Oh Liebling, du bist verletzt. Das ist schlimm. Wie kann ich dir helfen? Was brauchst du?" Normalerweise gehen wir mit anderen so um. Der Trick ist, uns selbst dieses Geschenk zu machen.

Ohne Abwehr mit unseren Schmerz zu sein ist ein Weg, die heilende Qualität des Mitgefühls aufkeimen zu lassen. Mitgefühl ist die natürliche Antwort des Herzens auf Schmerz und Kummer. Aus der Perspektive des fühlenden Herzens lernen wir, uns selbst mit Güte halten. Es ist dieselbe Einstellung, die in uns die Fähigkeit stärkt, uns zu verteidigen. Das ist keine aggressive Verteidigung. Es ist eine geerdete, verletzbare Stärke, die nicht dulden will, dass uns oder anderen Schaden zugefügt wird.

Unerschütterliches Mitgefühl sagt zum Kritiker: „Nein, bitte rede nicht so mit mir. Das hilft nicht – das tut weh." Diese stille Kraft ist ein Ausdruck unserer Herzensweisheit, die sich um jeden Preis um uns kümmert und nicht duldet, dass wir Schaden nehmen. Es ist die Stärke einer Bärenmutter. Es ist die Haltung, die dem Kritiker entgegnet: „Ich weiß, dass du helfen willst, aber so funktioniert es nicht. Es ist okay – ich kann nun auf mich selbst aufpassen. Du kannst jetzt ruhig sein."

Ich erinnere mich, wie ich während dieser schwierigen Phase mal zu spät zu einem Termin kam und gleichzeitig realisierte, dass ich mich doppelt verabredet hatte und nicht genügend Zeit für beide Termine haben würde. Dann gab noch die Autobatterie zwischen beiden Terminen ihren Geist auf, was bedeutete, dass ich zu dem öffentlichen Vortrag am Abend zu spät kommen würde. Ich konnte schon die Woge von Verurteilungen spüren, die sich wegen meines verkorksten Stundenplans in mir zusammenbraute.

Dann geschah etwas Einschneidendes. Etwas in mir gab nach, und statt mir mit Selbstkritik zuzusetzen, fühlte ich nur, wie schwer es war, mit einem so vollgepackten Terminplan zu jonglieren und ihn durch unvorhergesehene Umstände zu navigieren. Dazu kamen ein übermäßig komplexes Unterrichtsleben und die Geschäftsreisen ins Ausland. Ich spürte die Mühsal, das ständige Ringen, alles auf die Reihe zu kriegen. Da tauchte aus heiterem Himmel eine freundliche Stimme auf, die einfach sagte: „Oh, das ist hart für dich. Gar nicht leicht, deine Zeit und dein Leben in Griff zu bekommen."

Diese einfachen Worte tauchten auf, nachdem ich eine Menge Arbeit darauf verwendet hatte, meinem Kritiker die Treue zu entziehen und die Realität meines Lebens mit seinen Herausforderungen so zu akzeptieren, wie sie war. Das entließ mich zwar nicht aus meiner Verantwortung, doch es war mir selbst gegenüber eine liebevolle Bestätigung, wie schwer manches war. Ich ließ mich, ohne auf den Kritiker zu hören, die Verletzlichkeit in der Situation und den Schmerz darin spüren. Sobald das geschehen war, waren die nächsten Schritte leicht: Ich organisierte meine Agenda um, rief die ADAC-Pannenhilfe an und kümmerte mich, ohne mir etwas vorzuwerfen, um meine Geschäfte. Das war ein inniger, befreiender Moment.

Die Fähigkeit zu diesem Selbstmitgefühl signalisierte einen bedeutsamen Wandel; ich war nun in der Lage, meine Aufmerksamkeit vom Kritiker abzuziehen und stattdessen den Schmerz zu spüren, den er bereitet. Seit der Zeit gibt es keine Zelle mehr in meinem Körper, die solche Gedanken zulassen möchte. Es liegt eine stille Stärke in der Fähigkeit, an diesem empfindlichen Ort zu ruhen. Es ist Verletzlichkeit – Schwäche ist es nicht.

Ich erinnere mich an ein Zitat aus den alten Schriften, das lautet: „Mache dein Herz weit wie den Weltenraum, so groß, dass ihm nichts etwas anhaben kann." Wenn unser Herz so weit ist, sind die Urteile nur kleine Wellen auf dem Meer. Sie gehen dahin, ohne Spuren zu hinterlassen. Möglich wird dies durch unsere Verletzlichkeit. Sie erlaubt der natürlichen Herzensstärke, sich zu entfalten.

ÜBUNG

Sich der Verletzlichkeit öffnen

Das nächste Mal, wenn Sie selbstkritisch sind, nehmen Sie sich etwas Zeit, um zu spüren, wie sich das in Ihrem Herzen anfühlt. Denken Sie über folgende Fragen nach:

- Können Sie die Wirkung der barschen Worte fühlen?
- Spüren Sie die Ablagerungen dieser Urteile in Ihrem Körper?
- Wie fühlt es sich an, so mit sich selbst zu reden?
- Was ist der emotionale Beigeschmack der Urteile?

Wenn Sie sich auf diese Weise öffnen, können Sie Ihr Herz so weich werden lassen, dass Sie die Sanftheit spüren, die aus dem Erleben der quälenden Selbsturteile entspringt. Verletzlichkeit entsteht dadurch, dass das Herz geöffnet ist und die Auswirkungen des Kritikers spürt. Wir öffnen uns aber nicht, um Beschimpfungen hereinzulassen. Wir öffnen unser Herz, um die volle Wirkung der Art und Weise zu spüren, wie wir mit uns reden oder uns schlecht behandeln.

Können Sie auch den Schmerz der Situation zulassen, die den Kritiker hervorbringt? Fragen Sie sich Folgendes:

- Beschimpft er Sie, weil Sie verletzlich, schwach, unsicher oder ungeschickt sind?
- Greift er Sie an wegen einer Gewohnheit oder Marotte, die Sie nicht absichtlich gewählt haben?
- Macht er Sie lächerlich, wenn Sie sich verletzlich zeigen oder wenn schwierige Emotionen aufwallen?

- Verurteilt er Sie wegen Ihrer persönlichen Probleme im Umgang mit Ihrer Familie und mit all den widersprüchlichen Anforderungen des Lebens?

Nehmen Sie sich Zeit, den Schmerz zu spüren, den all diese Erfahrungen bergen. Nichts davon ist leicht auszuhalten oder handzuhaben. Können Sie fühlen, dass all diese Dinge nicht Ihre Schuld, sondern einfach Teil unseres Lebens sind? Können Sie sehen, wie es jeglichen Urteilen den Stachel nimmt, wenn Sie akzeptieren, dass mit dem Menschsein immer auch Verletzlichkeit einhergeht?

Versuchen Sie, von diesem verletzlichen und gleichzeitig starken Ort aus die Stimme zu hören, die liebevoll, aber bestimmt „Nein" sagt, die sich nicht von Urteilen angreifen und verunsichern lässt. Finden Sie die Stärke des Mitgefühls, das sich um Sie sorgt, um die Seiten in Ihrer Psyche, die jung, verletzbar oder überfordert sind. Wenn Sie das tun, werden Sie sich weniger als Opfer fühlen. Stattdessen beginnen Sie, die langsam vonstattengehende aber wichtige Arbeit des Selbstschutzes und der Selbstbestimmung zu spüren.

KAPITEL FÜNFUNDZWANZIG

DIE KRAFT DER LIEBE

Kehrtwende vom Selbsthass zur Selbstliebe

Wir sind Menschen, die lieben müssen, denn Liebe ist das Leben der Seele, Liebe ist einfach die größte Freude der Schöpfung.

HAFIZ

Die Liebe ist vielleicht das einzige vereinigende Prinzip aller Weltreligionen. Jede Weisheitslehre und spirituelle Tradition lehrt, wie zentral es ist, Liebe zu kultivieren. Was mir in meinen dreißig Jahren Meditationsstudium besonders aufgefallen ist, ist die Notwendigkeit, die Liebe zu sich selbst zu kultivieren, als Basis dafür, einen anderen Menschen wirklich lieben zu können. Ohne das bleibt die Liebe ein blasser Abglanz dessen, was sie ist.

Ich bin katholisch erzogen und die Botschaft der bedingungslosen Liebe Jesu war für mich sehr wertvoll. Es ist eine wunderschöne Lehre. Doch ich hungerte nach einer Erklärung, wie man tatsächlich dahin gelangt. Wie kann ich meine Nächsten lieben, fragte ich meine Mutter während der Bibelstunde, wenn ich sie gar nicht mag und nicht in ihrer Nähe sein will!? Wie könnte ich eine Person lieben, von der der Priester mir sagt, sie sei böse?

An den pragmatischen Lehren des Buddha schätze ich unter anderem seine einfachen, praktischen Unterweisungen, wie man das grenzenlose Herz der Liebe kultivieren kann. Es war eine Offenbarung für mich, zu erfahren, dass es Techniken und Methoden gibt, um das zu tun. An erster Stelle geschieht es durch die Übung der liebenden Güte, die auch als „Metta"-Meditation bekannt ist.

Eine mögliche Übersetzung des Wortes *Metta* ist „Freundlichkeit". Das bezieht sich darauf, dass wir uns selbst und jedem, den wir treffen, freundlich und mit einer einladenden, urteilsfreien Haltung begegnen können. Natürlich ist das etwas, das man üben muss. Die meisten von uns beginnen diesen Weg nicht mit einer großen Herzensbildung. Wenn wir am Anfang stehen, ist unser Herz eng und hat klare Vorstellungen, wer liebenswert und unserer Zuneigung wert sei. Für gewöhnlich ist unsere Liebe auf einige wenige nahestehende Menschen beschränkt. Selten dehnen wir diese warmherzige, freundlich-zugeneigte Haltung auf Fremde aus, von uns selbst ganz zu schweigen.

Die Meditation der liebenden Güte beginnt damit, Güte und Liebe sich selbst zuteilwerden zu lassen, sich selbst in dieser Haltung wohlgesonnener Fürsorge zu begegnen. Das ist für viele Menschen der schwierigste Teil. Besonders dann, wenn wir ein Leben lang auf die maßregelnden Urteile unseres Kritikers gehört haben, der ständig erzählt, wir seien nicht gut, täten nicht genug und seien der Liebe nicht wert. Dennoch habe ich in all den Jahren meiner therapeutischen Arbeit mit Menschen festgestellt, dass dies der wichtigste Hebel ist, um anzusetzen und das radikalste Gegenmittel zum Kritiker.

Einer der Gründe, warum die Meditation der liebenden Güte so großes Potenzial hat, dem Kritiker entgegenzuwirken, liegt darin, dass sie Sprache benutzt (Worte, Wendungen, Wunschformeln), also dasselbe Medium, das auch der Kritiker verwendet. Aber anstatt all die Dinge aufzuzählen, die mit uns verkehrt sind und bei denen wir versagt haben, untersuchen wir unsere tiefsten Wünsche, unser höchstes Streben. Dann fassen wir den Wunsch in Worte oder Sätze, die unsere gütige Gesinnung ausdrücken. Wir bieten uns selbst freundliche Worte an, etwa: „Möge ich glücklich, zufrieden, sicher und frei sein". Dann wiederholen wir diese Worte langsam und aufrichtig, lassen sie widerhallen und Geist und Körper durchdringen.

Mit der Zeit erzeugt das neue neuronale Pfade in unserem Gehirn, neue synaptische Verbindungen. Wir polen unser Gehirn buchstäblich um, bis wir nicht mehr in dieselben alten Spurrillen unserer negativen Urteile abgleiten. Ich habe an mir selbst erfahren, wie ausgeprägt mein Hang war, dem selbstkritischen Muster nachzugeben, aber die Übung der liebenden Güte hat diese Gewohnheit im Laufe der Zeit verdrängt.

Wo ich mich einst strafte, wenn mich der Stress einholte, übertönt nun die innere, von Güte geprägte Stimme die Urteile und sagt freundlich: „Oh, das ist hart für dich. Warum nimmst du dir nicht etwas Zeit um runterzukommen, atmest und schaust, was für eine Reaktion noch möglich wäre?" Diese Übung zeigte mir, das liebende Güte auch Weisheit in sich birgt. Tatsächlich werden wir effektiver, wir lernen, angemessener zu reagieren, und versteigen uns nicht in Überreaktionen.

Ein weiterer Weg zur Kultivierung von Selbstliebe liegt in unserer Einstellung. Mit Achtsamkeit haben wir die Wahl, unsere Aufmerksamkeit zu steuern. Wenn unsere Achtsamkeit von Güte durchtränkt ist, ist das eine kraftvolle Kombination, die uns befähigt, mit allem umzugehen und zu sein. Sie ist sowohl klar als auch wohlwollend, umarmend, präsent und liebevoll. Es ist die Art von Aufmerksamkeit, die wir einem Kind, das Kummer hat, entgegenbringen würden. Wir wären einfach bei ihm mit anteilnehmender Präsenz. Vielleicht hätten wir ein paar tröstende Worte, aber hauptsächlich würden wir zeigen, dass wir da sind, auf liebevolle präsente Art. Wenn wir diese Qualität der Aufmerksamkeit auf uns selbst richten, ist es eine liebende Präsenz, die sogar tiefsitzenden Selbsthass transformieren kann.

Joannas Geschichte ist ein Beleg dafür, was geschehen kann, wenn wir diese gütige Präsenz nach innen richten. Während eines verschneiten Retreats zur liebenden Güte in Kanada erzählte sie mir in einer Sitzung, wie ihr Herz sich wie erstarrt anfühlte, als trüge sie da seit Jahren einen harten Stein in sich. Sie sagte, sie sei nicht in der Lage, die Metta-Meditation zu praktizieren. Sie fühlte sich dumpf, war wie benommen während der langen Stunden in Meditation und wollte nach Haus fahren.

Wie auch viele andere Meditationsschüler lud ich sie zu einer geführten Sitzung ein, in der der Körper im Vordergrund steht, um zu erarbeiten, was genau in ihr geschah. Sie war Gärtnerin, und als ich sie bat, das Harte in ihrem Herzen zu erspüren, sagte sie, es sei wie ein Knoten oder eine große, harte Walnuss. Ich bat sie, in diese Stelle hinein zu atmen und sich auf alle Gefühle einzulassen, die da waren. Sie fühlte sich traurig und wie gelähmt. Dann bat ich sie, sich während der Meditation Zeit zu nehmen und in die harte Nuss in ihrem Herzen hinein zu spüren. Mit freundlicher Aufmerksamkeit könne sie darin gegenwärtig bleiben und nach ein paar Tagen noch einmal zur Überprüfung zu mir kommen.

Als sie wiederkam, erzählte sie davon, wie sie versucht hatte, das Harte in ihrer Brust zu spüren, aber statt zu erstarren, hatte sie es mit liebender Güte umfangen können und nicht als falsch oder schlecht kritisiert. Sie hatte sich die Zeit genommen, den Kummer zu fühlen, der unter der Trauer schwelte, und den Schmerz darüber, so wenig Zugang zu ihrem eigenen Herzen zu finden. Der Schmerz der lebenslangen Ablehnung ihrer selbst sowie die Unfreundlichkeit gegenüber sich selbst begannen sich aufzulösen.

Während sie sprach, liefen ihr die Tränen übers Gesicht. Sie sagte, die Tränen seien wie ein sanfter Regen, der die harte Schale der Walnuss zum Schmelzen bringe und ein kleinen, zarten Keim aus der Walnuss emporsprießen lasse. Der Beginn eines neuen Lebens. Wenn man sie so sah, war klar, dass diese Integration sie erfüllte und strahlender und ganzer zurückließ.

Natürlich war das nur der Anfang. Aber als Gärtnerin wusste sie, dass sie die grundlegende Vorarbeit geleistet hatte. Sie hatte durch ihr geduldiges, stetiges Üben den Boden der Achtsamkeit vorbereitet und den Garten ihres Herzens mit dem sanften Regen gütiger Worte und liebender Präsenz gewässert. Und sie hatte Raum für einen jungen, zarten Keim geschaffen, der im Licht ihrer fürsorgenden Achtsamkeit wachsen konnte. Der, das erkannte sie, weitere Pflege brauchen würde, um sein volles Potenzial zu entfalten, genau wie ihr eigenes Herz.

ÜBUNG

Freundlichkeit mit sich selbst kultivieren

Bei dieser Übung geht es um eine kontemplative Meditation.

1. Finden Sie einen Ort, wo Sie mindestens zehn Minuten ungestört sein können. Am besten sitzen Sie auf einem Stuhl, aufrecht und bequem, in entspannter Haltung.
2. Schließen Sie sanft die Augen und richten Sie Ihre Aufmerksamkeit auf Ihre Herzregion in der Mitte der Brust. Spüren Sie, wie der Atem dort ein- und ausströmt. Wenn es Ihnen hilft, legen Sie eine Hand auf die Brust, um sich stärker mit dem Herzen zu verbinden.
3. Nehmen Sie sich etwas Zeit, um sich mit Ihrem angeborenen Gutsein zu verbinden. Wir alle kamen offen, verletzlich und mit einem liebenden Herz auf die Welt. Diese schönen Qualitäten werden oft verdunkelt, während wir aufwachsen. Spüren Sie genau jetzt die Ihnen innewohnende Güte in sich. Falls Ihnen das schwerfällt, denken Sie an eine positive Eigenschaft, die Sie besitzen, oder eine gute Tat, die Sie getan haben und die Ihnen erlaubt, sich selbst in positivem Licht zu sehen. Oder verbinden Sie sich einfach mit Ihrem grundlegenden Wunsch, glücklich zu sein.

4. Dann richten Sie die folgenden Worte langsam und mit Bedeutung an sich selbst. Sagen Sie sich mit jeder Ausatmung still einen der Sätze und lassen Sie die Empfindung dabei in Ihrem Körper widerhallen und sich ausbreiten wie Wellen in einem Teich.

   „Möge ich sicher und vor Schaden bewahrt sein."
   „Möge ich gesund sein."
   „Möge ich glücklich sein."
   „Möge ich in Leichtigkeit und Freiheit leben."
   „Möge ich mich lieben und akzeptieren, so wie ich bin."

   Sagen Sie sich diese Sätze immer wieder, so ehrlich gemeint, wie Sie können. Wenn Ihr Kritiker das zu bemängeln versucht, ignorieren Sie seine Worte einfach und bleiben bei den Sätzen, in die Sie so viel Energie und Absicht wie möglich hineinlegen. Falls es sich anfühlt, als ob die Worte wie auf eine gefühllose Steinwand prallen, stellen Sie sich jemanden vor, der Sie liebt oder der gütig zu Ihnen war und früher einmal genau solche Worte zu Ihnen gesagt hat.

5. Denken Sie nun mit Liebe an Menschen, die Sie kennen, und richten Sie dieselben gütigen Worte an diese, indem Sie das „ich" einfach in ein „du" verwandeln.

6. Wenn Sie bereit sind, die Meditation zu beenden, öffnen Sie langsam wieder die Augen und machen Sie sanfte Dehn- und Streckbewegungen.

Versuchen Sie, diese Sätze auch während des Alltags zu sich zu sagen. Es ist besonders hilfreich, wenn Sie sie immer dann hervorholen, wenn der Kritiker über Sie gerichtet hat. In der Antwort auf den Kritiker können Sie am Ende jedes Urteils hinzufügen, „und möge ich zufrieden sein“ oder „möge ich mich lieben und akzeptieren, so wie ich bin.“

Wie bei allen Übungen, die eine neue Orientierung geben, kann es eine Zeit lang dauern, bis wir fähig sind, diese Worte der Güte wahrhaftig zu meinen, wenn wir sie auf uns selbst anwenden. Je mehr Sie das üben, umso eher werden die liebevollen Qualitäten, die in diesen Sätzen Ausdruck finden, Ihnen auch zur Verfügung stehen.

KAPITEL SECHSUNDZWANZIG

SCHMERZ TRANSFORMIEREN

Von Selbstschädigung zu Selbstmitgefühl

Wenn du anderen Glück wünschst, praktiziere Mitgefühl.
Wenn du selbst glücklich sein willst, praktiziere Mitgefühl.
DALAI LAMA

James wuchs in Somerset in England in einer streng katholischen Familie auf. Mit elf Jahren wurde er ins Internat geschickt. Diese Erfahrung war für ihn überwiegend erfreulich, abgesehen von einem dunklen Aspekt, der ihn noch heute verfolgt. Als Messdiener hatte er in der Sonntagsmesse besondere Pflichten zu erfüllen, unter anderem musste er früher da sein, um die verschiedenen Ritualgegenstände für den Gottesdienst vorzubereiten.

Seine Eltern waren stolz auf ihn, dass er auf diese Weise dienlich sein konnte. Für ihn war es jedoch eine ganz andere Erfahrung. Der Priester hatte die Situation von Anfang an ausgenutzt und James zu sexuellen Handlungen gezwungen. So kam es, dass James diese morgendlichen Zeiten schrecklich fürchtete und doch nicht das Gefühl hatte, sich jemanden anvertrauen zu können.

Mit der Zeit gab er sich, wie das häufig vorkommt, selbst die Schuld an diesem Missbrauch. Er zweifelte an seiner Unschuld und fragte sich, was er wohl verkehrt gemacht haben könnte. Er lebte mit dem Gefühl der Schande, einer Mischung aus seiner Isolation und der Angst, dass die anderen es entdecken könnten. Das erschwerte ihm als Jugendlichem normale Beziehungen mit anderen. Auch in seinem Erwachsenendasein verfolgten ihn diese Erinnerungen und verstümmelten sein Sexualleben.

Als er zu einem intensiven Schweige-Retreat kam, von seiner gewohnten Betriebsamkeit, Arbeit und Online-Ablenkung abgeschnitten, begann er die Scham der Vergangenheit zu spüren. Sie kam so bedrohlich zum Vorschein, als ob er diese schmerzlichen Erinnerungen noch einmal durchlebte. Sein Kritiker, stets an seiner Seite, erinnerte ihn daran, dass er Schuldgefühle haben müsse, da es ja seine Schuld gewesen sei, und dass er sich nur selbst etwas vorzuwerfen habe.

Leider begegnen mir häufig solche Situationen, wo Missbrauchsopfer sich selbst die Schuld geben. Wenn sie von einem Elternteil missbraucht wurden, ist es für kleine Kinder noch viel schwerer, sich vorzustellen, dass ihre Eltern diejenigen waren, die ihnen Schaden zugefügt haben. Denn eine junge Psyche kann nur schwerlich glauben, dass die Bezugsperson, die sie aufzieht und versorgt, das ausnutzen könnte. Daher nimmt sie die Schande auf die eigene Kappe. Der ursprüngliche Missbrauch war schlimm genug. Ihn dann erneut zu durchleben und obendrein zu glauben, man sei selbst schuld daran und müsse mit dieser Schande leben, ist doppelt tragisch.

In der Meditation, besonders in den Retreats, die ich halte, herrscht eine Atmosphäre der Geborgenheit, wo alles willkommen geheißen wird. Den Teilnehmern ist gestattet, alles zuzulassen, was immer in ihrem inneren Erleben aufkommen mag. Der durch die Entschleunigung und das Fehlen von Ablenkungen durch Technik oder Kommunikation entstehende Raum sorgt dafür, dass etwas von tief unten in der Psyche aufsteigen kann. Manchmal können lange unterdrückte Erinnerungen hochkommen.

Für James war es eine drastische Erfahrung, nicht nur dass er Zeit für sich hatte, sondern auch, dass er vielleicht zum ersten Mal in seinem Leben an einem Ort war, der genug Geborgenheit bot, um die turbulenten Emotionen in seinem Herzen spüren zu können. Als er zu einer Einzelsitzung kam, verriet er mir ein wenig von seinen schmerzhaften Erinnerungen aus seiner Zeit als Messdiener. Aber ziemlich rasch wechselte er dazu über, warum es seine Schuld gewesen sei und er derjenige, dem man es vorwerfen müsse. Wenn er nur anders gewesen wäre, wäre es nicht passiert.

In unserer Sitzung fragte ich ihn, ob er gewillt sei, diese strenge Sicht (seines Kritikers) beiseite zu legen und einfach zu fühlen, wie es für den kleinen Jungen gewesen war, sexuell missbraucht zu werden. Ob er sich in die Lage des Jungen hineinversetzen und die Gefühle zulassen wolle, die vielleicht da sein könnten. Er sagte, er wolle es versuchen.

Als er am nächsten Tag zurückkam, sagte er, dass er zum ersten Mal die kritischen Stimmen ignorieren und die Emotionen hinter den Worten des Kritikers spüren konnte. Er fühlte tiefe Kränkung, Wut und Kummer. Als er die urteilenden Stimmen ignorieren konnte, fühlte er nicht nur Schmerz, sondern auch Liebe und Anteilnahme für den kleinen Jungen. Während er redete, waren Tränen in seinen Augen. Sein ganzes Benehmen wirkte sanfter, sein Körper entspannter und auch aus seinen Gesichtszügen war die Anspannung verschwunden. Er war fähig, den kleinen Jungen mit den Augen eines mitfühlenden Erwachsenen zu sehen.

Diese Perspektive ändert alles. Sie holt uns aus der Schuldzuweisung heraus ins Erbarmen. Barmherziges Mitgefühl ist heilender Balsam für das Herz und hat die Kraft, Leiden zu lindern und zu transformieren. Er kann jenen Schmerz auflösen, der den Kritiker überhaupt erst entstehen ließ. Aus der Sicht des Herzens sind strenge Selbsturteile und selbstkritische Attacken wie die, die James erfuhr, eine Form von Grausamkeit. Mitgefühl ist ein direktes Gegenmittel dazu und letztendlich das, was den Kreislauf aus Schmerz und Urteilen durchbricht.

Mitgefühl wird beschrieben als ein Erzittern des Herzens als Antwort auf einen Schmerz. Es ist eng verbunden mit Schmerz und Kummer, eigenem und dem anderer. Im Falle von James hatte er sich dem aus dem Missbrauch resultierenden Kummer und Schmerz auch ganz körperlich öffnen müssen, damit sein Selbstmitgefühl hervorkommen konnte.

Achtsamkeit ermöglicht uns, den Schmerz zu empfinden, und das Herz antwortet auf den Schmerz mit Mitgefühl. Mitgefühl will helfen und das Leid heilen. Liebende Güte und Gewahrsein sind wie die zwei Flügel eines Vogels, die gemeinsam die Kraft des Mitgefühls freisetzen, die für unseren Umgang mit dem Kritiker so wesentlich ist.

Viele der Dinge, die wir an uns selbst verurteilen, sind an sich schon schmerzhaft. Ich kenne zum Beispiel einen Mann, der hart zu sich selbst ist, weil er infolge einer Hirnverletzung kognitiv langsamer geworden ist. Sandra, eine meiner Klientinnen, verurteilt sich wegen ihres Übergewichts, obwohl es zum großen Teil durch ihren Diabetes verursacht ist. Manchmal fühlen wir uns auch einfach von unseren elterlichen Pflichten überfordert oder haben Angst vor etwas, meinetwegen vorm Fliegen, und der Kritiker haut in die Kerbe unserer vermeintlichen Schwäche.

Alle diese Dinge sind für sich genommen schon schmerzhaft genug. Wir müssen unseren Kummer nicht noch vergrößern, indem wir uns einen Kritiker dazu anzuhören. Wenn wir stattdessen Mitgefühl mit uns selbst empfinden, weil wir diese inneren Kämpfe aushalten müssen, sind wir nicht länger im Krieg mit uns selbst. Dann sind wir nicht mehr unser eigener Feind, sondern werden zu unserem Verbündeten im Umgang mit den Herausforderungen des Lebens.

Dazu müssen wir allerdings den Mut aufbringen, die leidvollen Bereiche in unserem Innern zu sondieren, anstatt auf die Worte des Kritikers zu hören. Wir können den Kritiker mit einer bestimmten, mitfühlenden Haltung auf Abstand halten, so wie wir es bei jedem tun würden, der einem Freund, der bereits leidet, noch etwas antun will. Mitgefühl ist anders als gemeinhin angenommen eine mutige Eigenschaft des Herzens, leidenschaftlich und doch voller Güte. Mitgefühl flieht nicht vor dem Schmerz, urteilt nicht und versucht auch nicht, ihn loszuwerden. Mitgefühl ist einfach da, mit einer starken, gütigen Präsenz. Wenn wir den Zugang zu dieser Herzensqualität haben, verliert der Kritiker einen Großteil seines Einflusses über uns.

ÜBUNG
Selbstmitgefühl entwickeln

Wenn wir unserem Schmerz mit Mitgefühl begegnen, anstatt ihn zu verurteilen oder abzulehnen, ist das ein Meilenstein auf dem Weg, zu Ganzheit in unserem Leben zu finden. Es ist wie Balsam für unsere schmerzenden emotionalen Wunden und Verletzungen. Wenn wir diese Haltung der Selbstfürsorge in Zeiten des Kummers und der Angst einnehmen können, kann das die Erfahrung des Schmerzes verändern, so dass er nicht mehr unerträglich ist, sondern erträglich und handhabbar wird.

Die folgende Meditation kann Ihnen helfen, Ihrem Schmerz mit Mitgefühl zu begegnen.

1. Finden Sie einen Ort, an dem Sie mindestens zehn Minuten lang ungestört sein können. Am besten sitzen Sie auf einem Stuhl, aufrecht und bequem, in entspannter Haltung.
2. Schließen Sie sanft die Augen und spüren Sie Ihren Atem in der Herzgegend in der Mitte der Brust.
3. Denken Sie an etwas, das Ihnen zur Zeit Schmerzen bereitet, das Sie stresst, worunter Sie leiden. Das kann etwas Körperliches, Emotionales, Mentales oder Spirituelles sein. Es können schwierige, bedrückende Lebensumstände sein oder Liebeskummer.
4. Nehmen Sie sich Zeit, um in die leidvollen Umstände, die Sie erleben, hineinzuspüren. Versuchen Sie, mit dem Schmerz zu sein, in liebevoll-anteilnehmender Aufmerksamkeit. Nehmen Sie Urteile oder Gedanken, die auftauchen, zur Kenntnis und lassen Sie sie wieder gehen.

5. Während Sie den Schmerz in dieser gütigen, fürsorglichen Präsenz halten, richten Sie langsam und mit Bedeutung die entsprechenden Sätze an sich selbst, so als ob Sie einen teuren Freund in Not trösten wollen:

   „Möge ich frei von Leid und Kummer sein."
   „Möge ich mein Leiden mit Freundlichkeit und Leichtigkeit tragen."

6. Wenn die Übung den Schmerz zu stark betont, lassen Sie den Fokus darauf los, nehmen Sie einige langsame, tiefe Atemzüge und öffnen Sie die Augen, bis Sie sich wieder zentriert fühlen und sich nicht so im Schmerz verlieren. Dann kehren Sie zu den Sätzen zurück und wenden sich wieder freundlich Ihrem Leiden zu.
7. Machen Sie dies fünf bis zehn Minuten lang. Dann, wenn es sich richtig anfühlt, können Sie Ihre mitfühlenden Wünsche an andere Menschen weitergeben, von denen Sie wissen, dass sie Kummer haben oder Not leiden. Holen Sie sie sich vor Ihr geistiges Auge, visualisieren Sie sie, spüren Sie ihr Leid und sprechen Sie für sie die Sätze, die Sie vorher an sich selbst gerichtet haben oder nehmen Sie ähnlich mitfühlende Formulierungen Ihrer Wahl.
8. Wenn Sie bereit sind, die Meditation zu beenden, öffnen Sie langsam die Augen und machen ein paar Dehn- und Streckbewegungen.

Wenn Sie diese Meditation einige Male durchgeführt haben, können Sie diese Sätze jederzeit an sich richten, wann immer sich ein Schmerz oder Stress bemerkbar macht. Sie können Sie auch an andere richten, wann immer Sie Not und Leid antreffen.

KAPITEL SIEBENUNDZWANZIG

DIE HOFFNUNG AUF EINE BESSERE VERGANGENHEIT AUFGEBEN

Von Selbstvorwürfen zur Selbstvergebung

Jeder Mensch solle daran denken, dass das Werk des Kritikers insgesamt von zweitrangiger Bedeutung ist, und dass am Ende der Fortschritt durch den Menschen zustande kommt, der etwas tut.
THEODORE ROOSEVELT

Wenn ich in einem Raum voller Meditationsschüler frage: „Wer hat noch nie jemandem durch seine Worte und Taten Schaden zugefügt?“, hebt sich keine einzige Hand. Wir alle haben Dinge getan, die wir bereuen. In ähnlicher Weise frage ich, ob jemand da ist, der durch sein Sexualleben noch nie irgendein Leid verursacht hat. Wieder hebt selten jemand die Hand. Es ist dasselbe, wenn ich frage, ob jemand da ist, der nicht bereut, in einem Moment der Leidenschaft oder Wut überreagiert und etwas Dummes gesagt oder getan zu haben.

Im Affekt Fehler zu begehen, Dinge falsch einzuschätzen oder etwas zu tun, von dem wir wissen, dass wir es nicht tun sollten – all das gehört zum Menschsein dazu. Warum sind wir dann so hart mit uns selbst? Woher nehmen wir das Recht für all die Selbstvorwürfe? Die Pathologie der Selbstverachtung rührt vom inneren Kritiker her und von einem idealisierten und unmöglich hohen Maßstab für menschliches Verhalten.

Etwas, das ich in den Jahren, seitdem ich regelmäßig meditiere, am meisten schätzen gelernt habe, ist Frieden mit meinem Menschsein zu schließen. Nicht, dass ich kein inneres Wachstum und keine Entwicklung mehr anstreben oder nicht mehr an mir selbst arbeiten würde, aber ich messe mich nicht länger an einem unmöglichen Ideal. Je weniger ich von mir erwarte, perfekt zu sein und nichts falsch zu machen, umso eher ist der Weg frei, mir selbst vergeben zu können. Ich bin besser in der Lage, die schwere Last der Schuldgefühle loszulassen, die ich wegen all der schlimmen Dinge mit mir herumschleppe, die ich früher getan habe und die ich bereue.

Manchmal schaue ich zurück und schäme mich wegen etwas, was ich gesagt oder Ansichten, die ich vertreten habe. Oder wegen meiner selbstbezogenen Hybris in meiner Jugend. Aber auch das ist Teil des Lebens, des Heranwachsens, der unvermeidliche Schmerz des Menschseins. Als ich seinerzeit die Meditation entdeckte, wurde ich als Meditierender „wiedergeboren" und wollte begeistert alle und jeden in meiner Familie und meinem Freundeskreis überzeugen, ebenfalls zu meditieren. In meiner jugendlichen Arroganz war ich besessen davon, ihnen alles aufzuzeigen, worin sie nicht erleuchtet waren und was sie dagegen unternehmen sollten. Heute noch zieht mich meine Familie damit auf.

Eine besondere Erkenntnis, die ich der regelmäßigen Meditation verdanke, ist das Verständnis, dass es keine andere Zeit als das Jetzt gibt. Die Zukunft ist eine Illusion, das Vergangene ist heute ein Traum, und die einzige Wirklichkeit, über die wir verfügen, ist *die Gegenwart*. So verstanden, ist Selbstvergebung die Bereitschaft aufzuhören, unsere Vergangenheit zu reparieren oder besser machen zu wollen. Es bedeutet, alle Hoffnung aufzugeben, dass das, was bereits vorbei ist, noch geändert werden kann. Was geschehen ist, ist geschehen.

Wenn das wahr ist, warum strengen wir uns so an, die Vergangenheit geradezubiegen? Liegt es daran, dass wir die schmerzliche Tatsache nicht ertragen, mit all dem, was wir getan und gesagt haben, leben zu müssen? Und bereuen und wünschen, wir könnten es zurücknehmen? Wir tun das, um den Schmerz zu stillen, der aus vergangenen Geschehnissen noch in die Gegenwart reicht. In unserem Bewusstsein gibt es einen tief verwurzelten Widerstand gegen Schmerzempfindungen, auch gegen die, die lange Zeit zurückliegen. Deshalb verbringen wir so viel Zeit in unserem Kopf mit Denken, wir spulen das Geschehene immer wieder ab, argumentieren hin und her, anstatt die zarten, verletzlichen Teile in uns anzuerkennen und die Trauer und Verlustgefühle angesichts des Schmerzes, als er geschehen ist, in uns hineinzulassen.

Ich ging in einem Stadtteil zur Schule, wo ständig gekämpft und gemobbt wurde und körperliche Gewalt an der Tagesordnung war. So viel menschlicher Schmerz wurde weitergegeben, von den älteren auf die jüngeren Kinder übertragen. Ich war am empfangenden Ende einer Menge Schikanen und psychischer Quälerei. Aber ich lernte auch auszuteilen. Ich gab die psychische Seite, das Lächerlichmachen und Verspotten so an andere weiter, wie es mir zuteilwurde, und zwar, wenn ich keine Gefahr lief, dabei körperlich angegriffen zu werden.

In der Rückschau war ich entsetzt und beschämt darüber, wie ich einen Klassenkameraden hatte verlachen und hänseln können. Wie konnte ich, der wusste, wie weh es tat, öffentlich vor allen lächerlich gemacht zu werden, dasselbe einem anderen antun? Ich sehe heute, dass ich nur ein Rädchen im Getriebe war, das weitergab, was es gelernt hatte, und auf seine Art versuchte, zu überleben und das Mobbing-Potenzial von sich fernzuhalten. Finde einen Sündenbock und du bist sicher, lautete das Motto. Natürlich ist das in keinster Weise eine Rechtfertigung für solches Verhalten, es wird dadurch nicht richtig. Ich frage mich noch heute, welche Auswirkungen meine Worte und Handlungen wohl auf meinen armen Klassenkameraden gehabt haben, und bedauere noch immer, dass ich mich für ein solches Handeln entschied.

Es ist die Selbstvergebung, die mir erlaubt, die Umstände jener Lebensphase zu verstehen und den Schmerz aller Beteiligten zu fühlen. Sie erlaubt mir obendrein, das Urteilen und die Scham verschwinden zu lassen. Obwohl ich derjenige war, der sich grausam verhalten hat, wusste ich doch tief in meinem Herzen ganz genau, dass es gemein und ich von meinem eigenen Schmerz und meinen Ängsten angestachelt war. Es war, was es war. Es geschah in einem Umfeld schmerzlicher Ursachen und Wirkungen, und ich kann heute Milde mir selbst, dem Klassenkameraden und allen Umständen und Menschen gegenüber empfinden, die aus Blindheit, Angst und Hass so ein Verhalten weiter fortsetzen.

Auf welche Weise verurteilen Sie sich für vergangene Fehler und Irrtümer? In welchen Lebensbereichen versuchen Sie, Ihre Vergangenheit in eine bessere zu verwandeln? In welchen Bereichen sind Sie nicht fähig, zu akzeptieren, wer und was Sie waren? Es geht nicht darum, zu verleugnen, was geschehen ist oder alles besser zu machen. Es geht darum, die Bereiche schmerzlichen Bedauerns mit Licht zu erfüllen und ihnen eine liebende Hand entgegenzustrecken.

Immer wenn wir viel Raum und Zeit zur Verfügung haben, streunt unser Denken gern auf alten Pfaden herum. Das liegt daran, dass das Gehirn vergangene Erfahrungen immer wieder durchspielt, um daraus etwas für die Zukunft zu lernen. In solchen Momenten werden Dinge aus der dunklen und fernen Vergangenheit, die nicht gelöst wurden, in unseren Herzen zum Vorschein kommen. Das gilt ganz besonders für die Menschen, die dem Tod schon einmal von der Schippe gesprungen sind, sehr krank sind oder ihrem Ende entgegensehen. Da wir soziale Wesen sind, hält unser Herz vielleicht noch einmal Rückschau über das Leben, mit besonderem Schwerpunkt darauf, wie wir uns in Beziehung zu unseren Mitmenschen verhalten haben. Es kann dabei um unsere Liebesbeziehungen gehen, aber auch um unsere Beziehungen innerhalb der Familie, zu Freunden, Kollegen und Nachbarn.

Ich bemerkte diese Tendenz bei meinem Vater, als er älter wurde. Er fragte manchmal, wie er als Vater gewesen sei, als ich jung war.

Insbesondere fragte er danach, ob er genügend da oder zu viel weg gewesen war. Er hatte in der Royal Navy, der britischen Marine gedient, daher war er für lange Intervalle fort gewesen, als ich klein war. Ich konnte sehen, dass es ihm das Herz schwermachte. Es gab nichts, das er noch daran ändern konnte, trotzdem brauchte etwas in seinem Herzen Trost und Besänftigung. Und so sehr ich auch versuchen konnte, ihn zu beruhigen, am Ende muss es darauf hinauslaufen, dass wir uns selbst vergeben.

Jede Betrachtung unserer Beziehungen wird unweigerlich sowohl Freude als auch Probleme enthüllen. Und natürlich ist das leichtes Futter für den Kritiker, der jede Situation beanstandet, wo wir andere enttäuscht, im Stich gelassen, die falschen Worte gesagt, unsere Liebsten verletzt, oder uns einfach nicht als Freund verhalten haben, so wie wir es eigentlich hätten tun wollen. Solche Erinnerungen sind oft schwierig und schmerzhaft. Es ist wichtig, sie mit Mitgefühl und freundlicher Güte anzunehmen, nicht vorwurfsvoll. Schließlich ist es allzu leicht für den Richter, im Nachhinein kritisch auf das zu blicken, was wir besser gemacht haben könnten. Aber wie wir in Kapitel elf gesehen haben, ist es wichtig, daran zu denken, dass wir stets unser Bestes geben, mit den Informationen, Fähigkeiten und Mittel, die wir zu dem jeweiligen Zeitpunkt zur Verfügung haben.

Daher üben wir, als Teil der Heilung des Herzens und der Vergangenheit, die ständig in die Gegenwart hineinströmt, uns selbst für vergangene Entscheidungen und Handlungen zu vergeben. Wir streben danach, vollständig anzunehmen, was geschehen ist, die Verantwortung dafür zu übernehmen, und die feste Absicht zu fassen, aus dem Vergangenen zu lernen, um weiser, umsichtiger und mitfühlender zu leben. Wir weiten unsere Vergebung auch auf unsere Gegenwart und Zukunft aus, im Wissen, dass wir als menschliche Wesen weitere Entscheidungen treffen werden, die wir hinterher bereuen könnten. Wir streben danach, unserer Absicht treu zu bleiben und mit so viel Integrität und Güte zu handeln, wie wir nur aufbringen können, aber wir vergeben uns dafür, wenn wir es nicht immer schaffen, was unvermeidlich ist.

In diesem Sinne kann die Übung der Vergebung zur positiven mentalen Angewohnheit werden, die uns gestattet, frei zu werden von Verurteilungen, Bedauern und der Qual der Scham über Vergangenes und Gegenwärtiges. Und das macht uns fähig, die Liebe des Herzens in alle Richtungen wachsen zu lassen.

ÜBUNG
Selbstvergebung üben

Wenn wir uns unseren Fehlern mit Vergebung statt mit Verurteilungen oder Vorwürfen zuwenden, trägt das erheblich zu einem Gefühl des Friedens im Herzen bei. Es ist so, als ob wir den leidenden Bereichen in uns, die wir lange abgelehnt haben, einen schmerzlindernden Balsam auftragen. Wenn wir zu dieser Haltung der Vergebung finden, gerade in Zeiten des Kummers oder der Angst wegen etwas, das wir gesagt oder getan haben, können wir dasjenige in unserem Inneren loslassen und uns leichter fühlen.

Die Meditation wird Ihnen zeigen, wie Sie ein Gefühl für Selbstvergebung entwickeln.

1. Finden Sie einen Ort, wo Sie mindestens zehn Minuten lang ungestört sein können. Am besten sitzen Sie auf einem Stuhl, aufrecht und bequem, in entspannter Haltung.
2. Schließen Sie sanft die Augen und spüren Sie den Atem in Ihrer Herzgegend in der Mitte der Brust.
3. Denken Sie an etwas, womit Sie andere gekränkt haben, sei es durch Worte oder Taten. Es kann auf körperlicher, emotionaler oder mentaler Ebene stattgefunden haben.

4. Nehmen Sie sich Zeit, um in das erinnerte Erlebnis und Leid der Beteiligten hineinzuspüren. Können Sie in liebevoller Aufmerksamkeit mit deren Schmerz und Angst sein?

5. Halten Sie den Schmerz in anteilnehmender Aufmerksamkeit und sagen Sie langsam und mit Bedacht folgende Worte zu sich selbst:

   „Ganz gleich, was ich getan habe, wissend oder unwissentlich, das andere gekränkt oder ihnen Leid zugefügt hat, durch meine Gedanken, Worte oder Taten, durch das, was ich gesagt oder nicht gesagt habe, was ich getan oder nicht getan habe, oder durch das, was ich gedacht habe – ich vergebe mir selbst so sehr, wie mir in diesem Moment möglich ist.

   Wiederholen Sie diese Sätze einige Male, während Sie sich gleichzeitig an das Geschehene erinnern. Versuchen Sie, die Verbindung zu Ihrem Herzen zu halten und erlauben Sie allen Ihren Gefühlen, präsent zu sein. Falls der Kritiker sich meldet und erzählt, wie böse Sie doch seien und warum Sie sich schämen sollten, verlagern Sie Ihre Aufmerksamkeit von den Urteilen weg. Danken Sie ihm für seine Meinung, und lenken Ihre Aufmerksamkeit zurück auf die Meditation und die Sätze zur Vergebung."

6. Nun denken Sie an etwas, womit Sie sich selbst Schaden zugefügt haben. Das kann emotional sein, weil Sie sich nicht genug um sich selbst kümmern oder sich bestrafen, Ihren Körper schlecht behandeln oder sich öffentlich anprangern.

7. Bleiben Sie mit liebevoller Aufmerksamkeit in dem Schmerz des Ereignisses und richten Sie langsam und mit Bedacht die folgenden Sätze an sich selbst:

„Ganz gleich, was ich getan habe, wissend oder unwissentlich, das mir selbst Leid und Schmerz zugefügt hat, durch meine Gedanken, Worte oder Taten, durch das, was ich gesagt oder nicht gesagt habe, was ich getan oder nicht getan habe, oder durch das, was ich gedacht habe – ich vergebe mir selbst dafür, so viel, es in diesem Moment möglich ist."

Bleiben Sie aufmerksam und achten Sie auf die Gefühle, Reaktionen oder den Schmerz, die auftauchen. Versuchen Sie, sich selbst, den Gefühlen und dem Schmerz so viel liebevolle Aufmerksamkeit wie möglich zukommen zu lassen. Sagen Sie die Sätze ein paar Mal, langsam und aufrichtig, damit Sie alle Gefühle, die vielleicht da sind, zulassen können.

8. Wenn Sie bereit sind, die Meditation zu beenden, öffnen Sie langsam die Augen und machen Sie ein paar Dehn- und Streckbewegungen.

Wenn es darum geht, sich selbst zu vergeben, werden Sie anfangs kaum etwas von der Gnade spüren. Der Schlüssel dieser Übung ist die Formulierung „so viel, wie in diesem Moment möglich ist". Wir tun unser Bestes, den langsamen, geduldigen Pfad der Vergebung zu gehen. Vergebung zu lernen braucht viel Zeit, manchmal Jahre. Also seien Sie geduldig, während Sie ein wenig Vergebung in Ihren Alltag einweben, um Ihre Fähigkeit zur Vergebung stärker werden zu lassen.

Es ist ebenfalls wichtig, nicht zu vergessen, dass wir diese Vergebungsübung nicht tun, um schlimme oder üble Taten, vergangene oder aktuelle, zu beschönigen, sondern wir üben Vergebung in voller Verantwortung für das, was wir getan haben. Und dann streben wir danach, so etwas zukünftig nicht wieder zu tun.

Wenn Sie das durch diese formelle Meditation einmal gelernt haben, können Sie die Sätze der Vergebung jederzeit und wo immer Sie sind, aus dem Gedächtnis abrufen.

TEIL V

JENSEITS DES KRITIKERS

KAPITEL ACHTUNDZWANZIG

IN RICHTUNG GLÜCKSZUSTAND

Auf das Gute achten

Das Urteilen hält uns davon ab, das Gute hinter den Erscheinungen zu sehen.
WAYNE DYER

Eines meiner Lieblingszitate über den Geist lautet: „Wo immer der Geist häufig verweilt und über was er sinniert, das wird zu seiner Neigung." Dasselbe gilt auch für das Herz. Es bedeutet, dass wir das Produkt dessen sind, was wir tun, denken und sagen. Wir werden zu dem, was wir praktizieren. Die Linse, durch die wir schauen, wird zu unserer Perspektive. Worauf sich unsere Gedanken ausrichten, das wird zu unserer Wirklichkeit.

Die gute Nachricht ist, dass wir immer eine Wahl haben. In jedem Moment haben wir die Wahl, uns Denk- und Gefühlsmustern hinzugeben, die gesund oder schädlich sind. Sie haben die Wahl. Welchen Weg wollen Sie einschlagen? In was für einer Welt wollen Sie leben?

Es gibt eine Geschichte von einem alten, weisen Torhüter, der am Eingang einer ummauerten Stadt stand und Neuankömmlinge befragte.

Jede Person, die zum ersten Mal eintraf, wurde gefragt, woher sie stamme, welchen Ort sie verlassen habe und wie die Menschen dort seien. Denjenigen, die antworteten, sie kämen von einem Ort, wo die Leute gemein, unfreundlich, kalt und nicht vertrauenswürdig seien, sagte der Torhüter, dass sie es hier höchstwahrscheinlich genauso antreffen würden. Denjenigen, die sagten, dass die Leute der Stadt, aus der sie gerade kamen, warmherzig, freundlich und gütig seien, antwortete er wiederum, dass sie es hier höchstwahrscheinlich genauso antreffen würden. Derselbe Ort, eine andere Wirklichkeit. Welche würden Sie wählen?

Ist Ihnen schon einmal aufgefallen, dass Optimisten im Allgemeinen dazu neigen, ihre Mitmenschen und das Leben auf hellere, positivere Art zu wahrzunehmen? Diejenigen aber, die sich auf das Negative konzentrieren, auf die Probleme, Schwächen und Fehler anderer, neigen dazu, das Leben und die Menschen darin auch voller Mängel und Schwierigkeiten zu sehen. Ähnlich erleben diejenigen, die mit dem Blick des Kritikers schauen, die Welt eher als negativ und die Menschen als schwieriger und störender.

Einmal hielt ich ein Seminar über den inneren Kritiker in Esalen in Big Sur, Kalifornien. Esalen ist ein besonders schönes Zentrum, oben auf den Klippen zum Pazifik gelegen. Ein wirklich bezaubernder Ort. Während ich den Raum für das Seminar vorbereitete, kamen die Teilnehmer an. Einer nach dem anderen betraten sie den Raum.

Und jeder, der hereinkam, hatte etwas Negatives an dem Raum zu bemerken. Dem einen waren die Sitzkissen zu groß. Der nächste sagte etwas über die zu grelle Beleuchtung. Der dritte, dass die Stühle so hart seien. Die Farbe des Teppichs wurde bemängelt und auch die Art und Weise, wie ich den Kurs in der Ankündigung beworben hatte. Nach dem fünften oder sechsten Urteil, wunderte ich mich, was da los sei. Dann ging mir auf, warum es selbstverständlich war, dass sie urteilten – es war ein Seminar über den inneren Kritiker, logisch, dass der mit von der Partie war. Als alle versammelt waren, erzählte ich von meinen Beobachtungen, und wir konnten über die Situation lachen: Was tut ein Haufen Kritiker, wenn sie sich versammeln? Sie kritisieren!

Wie in Kapitel sechs beschrieben, stammt dieser Hang zum Negativen aus unserem evolutionären Erbe. Indem wir uns auf das konzentriert haben, was falsch, gefährlich und problematisch ist, haben wir gelernt, wie wir trotz widrige Umstände überleben. Es waren die Nervösen, Kritischen und Misstrauischen unter unseren Vorfahren, die den evolutionären Kampf gewonnen haben, und wir tragen ihr Erbe in uns.

Allerdings sind unsere gegenwärtigen Lebensbedingungen ganz verschieden von denen im Dschungel oder in der Savanne. Wir brauchen keinen überwachsamen Angriff- oder Flucht-Mechanismus mehr für jede Bedrohung, die wir entdecken. Wir brauchen nicht jeden Menschen, dem wir begegnen, als potenziellen Feind anzusehen. Und wir müssen uns fragen, ob wir unser Leben mit dieser negativen Orientierung führen wollen. Denn wenn wir es wollen, werden wir sicherlich eine Welt vorfinden, die wir für negativ halten, voller Ängste, Misstrauen und Untreue.

Wir können aber auch intervenieren, wenn diese Prägung aktiviert wird. Achten Sie, während Sie diese Worte lesen, mal darauf, ob in Ihren Gedanken auftauchen, dass es nicht in Ordnung ist, zu vertrauen und dass es besser ist, immer wachsam zu sein insbesondere gegenüber Fremden. Der Kritiker besteht vielleicht darauf, dass dies wahr ist, aber wir müssen nicht auf ihn hören.

Je häufiger wir die Gedanken, die der Kritiker uns liefert, denken und ihnen glauben, umso mehr stärken wir die entsprechenden neuronalen Pfade und umso eingefahrener wird diese Geisteshaltung. Je fester wir daran glauben, dass das Leben voller Mängel, also einfach nicht gut genug ist, umso wahrscheinlicher werden wir es genauso erfahren.

Glücklicherweise gibt es eine andere Art zu leben. Wir können einen Anfang machen, indem wir die Negativtendenz unseres Geistes bemerken und unsere Aufmerksamkeit auf etwas Positiveres lenken, um aufzuhören, das Glas als halb leer anzusehen.

Ich begann erstmals damit, als ich in einer spirituellen Gemeinschaft wohnte. Wir kamen regelmäßig zusammen, um uns gegenseitig konstruktive Rückmeldungen zu geben, meistens auf Positives gerichtet, aber wir wiesen einander auch auf unsere jeweiligen Wachstumspotenziale hin. Wir wurden ermutigt, das Positive aufzuschreiben. Das war hilfreich, denn die meisten vergaßen sofort wieder all das Gute, das über sie gesagt worden war, da es nicht zu ihrer Vorstellung von sich selbst passte. Sie konzentrierten sich stattdessen ausschließlich auf das, woran sie noch arbeiten mussten.

Nach diesen Rückmeldungen der anderen bekam ich eine objektivere Sicht auf mich selbst. Statt der langen, ermüdenden Liste all meiner Schwächen und Unzulänglichkeiten, auf die mich mein Kritiker so gern hinwies, begann ich positiver über mich zu denken. Im Laufe der Zeit tat ich die guten Sachen, die die Leute über mich zu sagen hatten, nicht mehr einfach ab, sondern begann zu glauben, dass ihre Einschätzung zutreffender war als meine eigene Voreingenommenheit. Ich fing an, mich in einem anderen Licht zu sehen, in einem Licht, das es mir ermöglichte, meine eigenen Stärken und Talente zu erkennen, *aber auch* die Bereiche, die ich noch zu entwickeln hatte.

Wie wäre es, wenn Sie dasselbe für sich täten? Nicht nur vom Standpunkt des Kritikers aus auf sich zu schauen, sondern sich zu erlauben, die guten, positiven Eigenschaften, die Sie haben, an sich zu entdecken? Die rücksichtsvollen Dinge, die Sie tun, die freundlichen Worte, die Sie sagen? Wenigstens die, die Sie von Zeit zu Zeit tun. Sie brauchen kein Engel zu sein – beginnen Sie damit, die gewöhnlichen guten, menschlichen Dinge zu sehen, die Sie tun und sagen.

Vielleicht wäre es ebenso einschneidend, auch andere auf diese Weise zu sehen. Nicht sofort auf ihre Schwierigkeiten, Neurosen und Probleme zu schauen, sondern vielmehr darauf zu achten, wann diese Menschen achtsam sind, freundlich, hilfreich, großzügig, oder fleißig. Behalten Sie auch im Sinn, dass ein Mensch, den Sie als „engstirnig“ oder „pingelig“ ansehen, einfach sehr ordentlich sein könnte, oder jemand, den Sie für „faul“ halten, könnte einfach nur entspannt und zufrieden sein.

Sie können auch damit beginnen, das Gute in Ihrer Umgebung aufzunehmen. Wie wäre es, mehr auf die Schönheit der Natur zu achten?

Oder für Freundschaft, Liebe, oder die Gesellschaft eines Tieres dankbar zu sein? Oder die Dinge zu betrachten, die in Ihrem Leben gut laufen und mit denen Sie bereits gesegnet sind, etwa dass Sie Zugang zu sauberem Wasser haben, Kleidung, Wärme, Nahrung und Sicherheit? Oder einfach zur Kenntnis zu nehmen, dass Sie die Zeit und die Bildung haben, um dieses Buch zu lesen? Achten Sie darauf, was in Ihrem Nervensystem geschieht, wenn Sie das Gute um sich herum in sich aufnehmen.

Genießen Sie es, nehmen es wirklich in sich auf. Das stupst Ihr Herz an und es lernt nach und nach, in eine erquicklichere und heilsamere Richtung zu schauen. Aber es ist auch wichtig, nicht zu vergessen, dass es eine Übungspraxis ist, die Ihnen bewusste Aufmerksamkeit abverlangt, damit Sie sich kontinuierlich der Muster und Ausrichtungen Ihres Denkens und Ihrer Wahrnehmung bewusst sind. Der Schlüssel dazu ist, daran zu denken, dass Sie in jedem Moment die Macht haben, eine bestimmte negative Gewohnheit zu ändern, und zwar einfach dadurch, dass Sie selbst entscheiden, worauf Sie Ihre Aufmerksamkeit richten.

ÜBUNG

Die eigene Selbstwahrnehmung überdenken

Führen Sie ein Tagebuch, in dem Sie kontinuierlich Ihre positiven Eigenschaften auflisten – Dinge über sich, die Sie oder andere bemerken oder die Sie von anderen gespiegelt bekommen.

Beobachten Sie an Ihren Verhaltensweisen, Handlungen und an der Art und Weise, wie Sie mit anderen Menschen reden und sich engagieren, inwieweit sich darin positive Qualitäten wie Großmut, Freundlichkeit und Rücksichtnahme spiegeln. Seien Sie offen für Feedback von Ihren Mitmenschen, wenn sie Stärken und gute Eigenschaften an Ihnen entdecken und wertschätzen. Üben Sie sich darin, solches Feedback anzunehmen. Achten Sie darauf, in welcher Weise Sie die positiven Ansichten über sich, und wie Sie in der Welt funktionieren, eventuell abstreiten, schmälern oder ignorieren.

Ähnlich bei der Arbeit, wenn man Ihre Leistung begutachtet – lassen Sie die positiven Dinge zu, die bemerkt und Ihnen gespiegelt werden. Natürlich ist es wahrscheinlich, dass Sie auch konstruktive Kritik bekommen; das gehört zu dem Prozess der Begutachtung dazu. Ihre Aufgabe dabei ist jedoch, als Gegengewicht zur negativen Ausrichtung des Gehirns die positiven und wertschätzenden Worte anzunehmen.

Wenn Sie sich an dem orientieren, was an Ihnen heilsam, gut und positiv ist, wird sich die Negativtendenz allmählich hin zu einem ausgewogeneren und abgerundeten Selbstbild verschieben – sowohl was Ihre Stärken, als auch, was Ihre Schwachstellen betrifft.

KAPITEL NEUNUNDZWANZIG

WER BIST DU?

Das Gute in Anderen sehen

Liebe ist die Abwesenheit von Urteilen.
DALAI LAMA

Rick Hanson führt ein herrliches Beispiel dafür an[24], wie Gutes in anderen zu sehen und es mit ihnen zu teilen, weitreichende Folgen haben kann:

„In der Schule war ich einer der Jüngsten und wurde daher als letzter für die Sportmannschaften ausgewählt. Das tat der Selbstachtung eines Jugendlichen nicht gut. Dann, in meinem ersten Jahr an der kalifornischen Universität UCLA versuchte ich es mit Touch-Hallenfußball. Wir hatten einen großartigen Innenverteidiger, der zu klein für den College-Fußball war. Nach einer unserer Übungsrunden sagte er im Vorbeigehen zu mir: „Du bist gut und ich werde dir den Ball zuspielen." Ich war platt. Aber dann dämmerte mir die Erkenntnis, dass ich eigentlich ein ganz guter Sportler war. Seine Anerkennung führte auch dazu, dass ich besser spielte und unserem Team helfen konnte. Fünfunddreißig Jahre später erinnere ich mich noch immer an seine Bemerkung. Er hatte keine Ahnung von seinem Einfluss, doch für mich war es ein großer Anstoß für mein Selbstwertgefühl. Auf die gleiche Weise breiten sich unsichtbare Wellen in alle Richtungen aus, wenn wir die Fähigkeiten anderer sehen – besonders wenn wir sie offen anerkennen."

Wir neigen dazu, unsere Erinnerung und unsere Wahrnehmung – von uns selbst und anderen – für ein Faktum zu halten. Psychologen aber bezweifeln diese Überzeugung. In der Vergangenheit galt unser Erinnerungsvermögen als glaubhafte Quelle, doch seit einiger Zeit wird dies bestritten. Die Forensik unterstützt die Psychologen in ihrer Behauptung, dass die Gedächtnisleistung und die individuelle Wahrnehmung unzuverlässig, manipulierbar, veränderlich und voreingenommen ist. Wir brauchen nur unsere eigene Erinnerung an bestimmte Ereignisse zu nehmen, um zu erkennen, wie subjektiv und verzerrt Wahrnehmung sein kann.

Die Identifizierung von Personen oder ihre Berichte über den Hergang eines Verbrechens sind nicht immer zuverlässig, die Informationen solcher „Zeugenaussagen" widersprechen sich häufig. Tragischerweise wurden Menschen aufgrund der Aussagen von Zeugen fälschlich angeklagt und verurteilt, weil jene überzeugt waren, dass ihre Wahrnehmung und Erinnerung der Wahrheit entspräche.

Genauso können wir uns fragen, wie oft wir die Menschen sehen, wie sie wirklich sind. Sehen wir sie nicht vielleicht durch den Filter unserer eigenen Voreingenommenheit, unserer Vorurteile und konditionierten Meinungen? Wenn der Kritiker seit Jahrzehnten in der Hardware unseres Gehirns mitgemischt hat, ist die Wahrscheinlichkeit hoch, dass das, was wir wahrnehmen, durch den urteilenden Verstand verzerrt wird.

Wie in Kapitel dreizehn erklärt, ist unser Geist wie eine Drehtür – was reingeht, kommt auch raus und umgekehrt. Wenn wir auf eigene Fehler und Schwächen aus sind, wird unsere Aufmerksamkeit zweifellos genauso funktionieren, wenn wir sie auf unserer Umgebung richten, egal ob auf Familie, Freunde, Kollegen oder Fremde. Unsere Feinde oder diejenigen, die für uns „die anderen" sind, werden wir sogar noch kritischer beurteilen.

Achten Sie einmal darauf, was Ihnen auffällt, wenn Sie in einem Café, bei einer Arbeitsbesprechung oder irgendwo sonst Leute bei ihren Tätigkeiten beobachten. Achten Sie besonders darauf, was Ihnen an den Personen auffällt, die scheinbar anders sind als Sie. Sehen Sie ihre Stärken und einzigartigen Qualitäten? Sehen Sie sie in einem guten, wertschätzenden Licht?

Höchstwahrscheinlich werden Ihre Gedanken um Dinge kreisen, denen Sie kritisch gegenüberstehen. Wie seltsam sie gekleidet sind, was für einen komischen Gang sie haben, oder was für körperliche oder psychische Züge, die Ihnen fremd oder problematisch vorkommen. Achten Sie auch darauf, wie sich das, was Sie wahrnehmen, auf Ihre Gefühle auswirkt. Das, worauf wir fixiert sind, beeinflusst und prägt unsere mentale und emotionale Verfassung. Wenn wir auf Negatives oder Fehler an uns selbst oder anderen fixiert sind, macht uns das eng und verschlossen. Wir fühlen uns getrennt und vielleicht sogar ein bisschen niederträchtig. Sollten wir an anderen das Negative sogar suchen, um uns selbst im Vergleich zu ihnen besser zu fühlen, befriedigt uns das am Ende keineswegs, weil es immer jemanden geben wird, der uns übertreffen könnte. Es lässt uns in einem Zustand ständiger Erregung und Angst zurück.

Was ist die Alternative? Während ich schreibe, muss ich an die Parabel vom barmherzigen Samariter denken. Das ist eine Geschichte, die Jesus von Nazareth erzählt. Wenn wir einen anderen als getrennt von uns sehen – auch wenn er verzweifelt und hilflos ist, wie der Reisende in der Geschichte, krank auf einer einsamen Straße – neigen wir dazu, auf das zu achten, was uns von dem anderen unterscheidet, was an ihm verkehrt sein mag, und inwiefern er eine Bedrohung darstellt. Das führt dazu, dass wir unser Herz verschließen, die Person ignorieren und nicht hinschauen, besonders wenn sie es brauchen würde. Wir sehen diese

Reaktion andauernd in Bezug auf Obdachlose oder neue Migranten. Wollen wir denn in diesem Zustand leben, in dem unser Herz sich in Angst und Kälte verschließt?

In der Geschichte vom barmherzigen Samariter überwindet ein Reisender diese Barriere des Andersseins und hilft dem Kranken, in Sicherheit zu kommen, obwohl er von einem anderen Stamm ist. Der Reisende konnte seine anfängliche Voreingenommenheit ablegen und die Wahrheit erkennen, nämlich, dass alle Menschen wünschen, sicher und in Frieden zu sein. Er konnte Empathie für die Notlage des Kranken empfinden, er sah, dass dieser ein Mensch genauso wie er selbst war und verstand, wie leicht die Rollen unter anderen Umständen vertauscht sein könnten.

Das Überwinden dieser negativen, kritischen Geistestendenzen trägt dazu bei, dass wir die Menschen auf andere, frische Art sehen können. Wir können darauf schauen, was uns vereint, nicht was uns trennt. Wir können unsere Gemeinsamkeit des Menschseins spüren. Wir können auch einen Blick für die positiven, hellen und erhebenden Eigenschaften der Menschen bekommen und unseren Verstand und unser Herz auf positive Art berühren lassen.

Sich auf das Negative zu fokussieren führt dazu, dass wir uns schlecht und verschlossen fühlen, wohingegen die Verlagerung der Aufmerksamkeit auf die positiven Merkmale und Stärken eines Menschen unsere Stimmung und unseren Tag aufhellt. Ich weiß, dass sich mein Gefühl der Isolation dadurch auflöst und ich mich warm und verbunden fühle. Ich praktiziere das gern, wenn jemand durch die Tür in den Raum kommt, in dem ich mich gerade aufhalte. Anstatt der anfänglichen Vorsicht oder Befürchtung, wer das wohl sein mag, konzentriere ich mich auf alles Positive, das ich finden kann, in der Art der Kleidung, im Gesicht, im Lächeln – ich schaue auf irgendetwas an ihm, von dem ich weiß, dass ich es mag.

Manchmal bemerke ich den Einfluss der Übung, das Gute an anderen zu sehen, wenn ich mit Freunden zusammen bin, die das die ganze Zeit auf natürliche Weise so machen, beispielsweise bei meiner Freundin Alice: Wenn wir über jemanden reden, ganz egal, was er oder sie gesagt oder getan haben mag, sie findet immer etwas Positives und einen Weg, wie sie das Gute wertschätzen kann. Wenn das geschieht, merke ich, wie sich bei mir ebenfalls das Empfinden für die andere Person verändert. Meine innere Verfassung wird dann irgendwie heller und leichter.

ÜBUNG

„Genau wie ich"-Meditation

Diese Übung durchbricht die gewohnten Schranken, durch die wir uns von anderen getrennt fühlen. Es ist eine Methode, wie wir aktiv unsere Verbindung zu anderen Menschen spüren können, zum Teil dadurch, dass wir den Fokus auf die menschlichen Erfahrungen richten, die uns allen gemein sind. Das nächste Mal, wenn Sie mit jemandem während einer Arbeitssitzung sprechen, Leute im Café oder auf der Straße beobachten, oder wenn Sie an der Kita beim Abholen Ihrer Kinder andere Eltern treffen, besinnen Sie sich auf die folgenden Sätze:

- Genau wie ich – wünscht sich dieser Mensch, glücklich zu sein.
- Genau wie ich – wünscht sich dieser Mensch, ohne Schmerz und Stress zu sein.
- Genau wie ich – hat dieser Mensch einen Körper, der Schmerzen, Krankheiten und dem Altern unterworfen ist.
- Genau wie ich – hat dieser Mensch viele Freuden und Erfolge erlebt.
- Genau wie ich – hat dieser Mensch Trauer, Verlust und Schmerz erfahren.
- Genau wie ich – sehnt sich dieser Mensch danach, zu lieben und geliebt zu werden.

- Genau wie ich – strebt dieser Mensch danach, im Leben sein Bestes zu geben.
- Genau wie ich – will dieser Mensch Frieden und Glück.

Achten Sie, während Sie das tun, darauf, was Sie empfinden. Gestatten diese Sätze Ihnen, sich irgendwie verbunden zu fühlen? Sie können in jedem Moment wieder zu dieser Empfindung zurückkehren und schauen, wie sie Ihr Erleben derer, die anders scheinen, transformieren kann, so dass Sie sie als Ihresgleichen sehen, mit all den Erfahrungen, die wir als Menschen teilen.

Sagen Sie sich die Sätze, wo immer Sie sind. Sie können die Übung aber auch als Meditation ausführen, bei der Sie stillsitzen, sich bestimmte Menschen vorstellen und die Sätze im Stillen wiederholen.

Letzteres ist besonders nützlich, wenn Sie Konflikte oder Schwierigkeiten mit jemandem haben. Je mehr Sie die Ähnlichkeiten zwischen sich und der anderen Person entdecken können, umso eher werden Sie ein Gefühl der Verbundenheit erleben und es leichter finden, mit ihr in Beziehung zu kommen.

KAPITEL DREISSIG

INNERER FRIEDEN

Ein Leben jenseits des Kritikers

Was immer ich tue, tue ich aus reiner Freude. Ich werfe meine Früchte ab wie ein reifer Baum. Was der Leser oder der Kritiker daraus macht, geht mich nichts an.

HENRY MILLER

Wie wäre das Leben, wenn wir nicht mehr von den kritischen Stimmen im Kopf verfolgt würden und so leben könnten, wie Henry Miller es beschreibt – etwas aus reiner Freude tun, ohne sich um den Kritiker zu scheren? Stellen Sie sich vor, Sie sind mit einem sechzig Pfund schweren Rucksack auf Wanderschaft und stellen ihn plötzlich ab. Wie fühlt sich das an? Es ist eine unglaubliche Erleichterung, so eine Last los zu sein! So kann es sich anfühlen, frei vom Kritiker zu leben.

Der Titel von Milan Kunderas Roman *Die Unerträgliche Leichtigkeit des Seins* schien mir stets ein großartiger Ausdruck für das, was geschieht, wenn einem die Bürde der Selbsturteile genommen wird. Das Leben ohne den Kritiker hat wirklich etwas Leichtes an sich. Es gibt uns ein entspanntes, spielerisches Gefühl und inneren Frieden.

Wenn ich Menschen begegne, die von dem Mühlstein des Kritikers befreit sind, ist es, als ob sie beim Monopoly die Karte „Du kommst aus dem Gefängnis frei" gezogen haben. Sie tun sich im Leben leichter als andere. Sie verheddern sich nicht in Selbstvorwürfen, brauchen keinen zweiten Anlauf und sind nicht auf ihre Probleme oder Fehler fixiert. Sie sehen Fehler als Gelegenheiten, dazuzulernen, können über ihre Schwachstellen lachen und lächeln, wenn sie ihre Schlüssel verlegt haben.

Sie scheinen Optimisten zu sein und begegnen anderen mit Wertschätzung. Sie erholen sich schnell von Rückschlägen. Sie betrachten die Welt mit der Einstellung, dass das Glas halbvoll ist; das halbleere Glas ist einfach keine Option.

Vielleicht gab es schon Zeiten in unserem Leben, in denen wir genauso gefühlt haben. Oder vielleicht spüren wir, wie wir, wenn wir die in diesem Buch beschriebenen Techniken anwenden, den Einfluss unseres Kritikers verringern können. In solchen Momenten bekommen wir einen Vorgeschmack darauf, wie sich die innere Stille anfühlt, wenn unsere Gedanken sich nicht mehr darum drehen, was verkehrt läuft oder inwiefern wir gescheitert sind. Stattdessen erlaubt uns unser Blick auf uns und die Welt, unsere Talente und Stärken zu sehen und unsere Herausforderungen korrekt einzuschätzen.

Am allerwichtigsten ist es vielleicht, dass wir lernen, wie wir unabhängig davon, ob die Tiraden des inneren Kritikers aufhören oder nicht, Freiraum und Leichtigkeit finden und uns nicht länger mit unseren vergiftenden Gedanken identifizieren. Wir verstehen, dass wir nicht auf die kritischen Stimmen hören oder ihnen glauben müssen. Sie sind einfach wie Vogelgezwitscher in den Bäumen, das uns nicht beeinträchtigt. Es ist so, als ob unser Herz plötzlich einen Überzug aus Teflon hat, von dem sämtliche Kränkungen und Vorwürfe unseres inneren Tyrannen abperlen wie Regenwasser.

Wenn wir lernen, den harten Selbsturteilen entgegenzutreten und sie zu entschärfen, hat das eine Veränderung unseres Selbstwertgefühls zur Folge. Denn die Jahre endloser Erniedrigungen durch den Richter fordern ihren Tribut. Sie können uns depressiv, hoffnungslos und wertlos zurücklassen. Sie können uns des Gefühls berauben, dass grundsätzlich alles gut und in Ordnung mit uns ist.

Sobald wir beginnen, uns nicht mehr durch die Linse des Kritikers, sondern durch die einer wohlwollenden, klaren und weisen Aufmerksamkeit zu sehen, lernen wir, dass wir gar nicht böse sind und viele Talente, Qualitäten und Stärken haben. Wir entdecken, dass es unser Geburtsrecht ist, unseren Platz in der Welt einzunehmen, ganz gleich, was wir getan, gesagt oder geleistet haben. Wir bekommen Zugang zu einem Gefühl des Wohlseins und der Zufriedenheit, das es uns ermöglicht, uns so zu lieben und wertzuschätzen, wie wir sind. Und wenn wir uns wohl in unserer Haut fühlen und nicht länger den schonungslosen Weg der Selbstverbesserung gehen, um den Kritiker zu besänftigen, dann finden wir höchstwahrscheinlich auch zu innerer Zufriedenheit und echter Selbstliebe.

Ein weiteres Zeichen dafür, mit dem urteilenden Verstand in Frieden zu sein, besteht darin, dass wir eine weise Beziehung zum Kritiker aufbauen und verstehen können, dass die Pfeile, die er abschießt, in der Regel durch irgendetwas ausgelöst wurden – durch eine tiefere Ursache, eine Verletzung oder ein Bedürfnis, das wir erforschen und verstehen können. Wir lernen, wie wir in einem Augenblick der Verwundbarkeit oder Nervosität mit Herzensgüte für uns selbst sorgen können, anstatt uns zu verurteilen.

Je mehr Achtsamkeit und Liebe wir in unsere inneren Kämpfe bringen, umso weniger Raum haben die Verurteilungen des Kritikers, unsere Selbstachtung zu unterminieren, und umso verbundener und heiler fühlen wir uns. Wir schließen Frieden mit uns selbst.

Wir haben alle die Fähigkeit, die Attacken des Kritikers zu reduzieren, seine Stimme leise werden zu lassen und den Einfluss seiner Urteile zu entschärfen. Ich habe mit vielen Menschen überall auf der Welt gearbeitet, die es erheblich erleichterte die Quälerei aus Selbsthass und Selbsturteilen zu verstehen, um sich davor schützen und davon befreien zu können.

Und in der Zwischenzeit, bis jene Freiheit errungen ist, können Sie zwischen sich und die Urteile etwas Abstand bringen, indem Sie eines der beschriebenen Hilfsmittel anwenden. Wir können dem Kritiker ein „Nein“ entgegnen, ihm für seine Meinung danken oder seine Kritik einfach nur mit achtsamer Bewusstheit beobachten. Wir können im Sinn behalten, dass Urteile nur Gedanken sind, Ansichten, keine letztgültige Wahrheit oder etwas, das wir hören oder glauben müssten. Oder wir können unserer Verwundbarkeit und Angst nachspüren, herausfinden, von wo die kritischen Worte kommen, und uns selbst Güte und Vergebung schenken.

Sie sind fähig, die Last der kritischen Urteile jederzeit abzusetzen und stehenzulassen und mit den Werkzeugen der Achtsamkeit, Weisheit und des Mitgefühls einen Geschmack der Freiheit zu bekommen.

ÜBUNG

Der Friede zwischen den Gedanken

Unsere Aufmerksamkeit wird allzu oft von unseren Gedanken in Bann gezogen. Ein Thai-Meditationsexperte sagte auf die Frage[25], wie er seine Schüler beschreiben würde, dass sie „in Gedanken verloren“ seien. Wir sind denksüchtig und schenken den Gedanken viel zu viel Aufmerksamkeit – mit verheerenden Folgen für die übrigen Sinne und die Fülle des Lebens, das sich um uns herum entfaltet. Die Versenkung in unsere Gedanken beraubt uns des Friedens, der im Hier und Jetzt liegt.

Häufig ist das einzige, was wir wahrnehmen, unser kritischer, urteilender Verstand. Dennoch gibt es viele Momente, in denen der Kritiker nicht überwiegt und unser Geist ruhig ist. Aus der Sicht der Meditation und der geistigen Gesundheit ist es hilfreich, diese Augenblicke der Ruhe zu bemerken, diese Lücke zwischen unseren Gedanken. Wenn wir uns nur auf die Gedanken und Urteile fixieren, sind sie alles, was wir wahrnehmen. Konzentrieren wir uns stattdessen auf den Raum dazwischen, wenn ein Gedanke endet und ein nächster noch nicht begonnen hat, dann werden wir womöglich zu unserer Überraschung feststellen, dass da mehr Ruhe und Stille herrscht, als wir geglaubt haben.

Um die friedvollen Lücken zwischen den Gedanken zu bemerken, praktizieren Sie die folgende Meditation.

1. Finden Sie einen Ort, wo Sie mindestens zehn Minuten lang ungestört sind. Am besten sitzen Sie auf einem Stuhl, aufrecht und bequem, in entspannter Haltung.
2. Schließen Sie sanft die Augen und nehmen Sie sich Zeit, still dazusitzen und sich auf Ihren Atem zu konzentrieren. Oder, wenn Sie an einem Ort sind, wo viel Lärm herrscht, konzentrieren Sie sich auf die Geräusche. Wenn Sie bemerken, wie Gedanken, Urteile oder Kritik Sie wegziehen, gehen Sie mit Ihrer Aufmerksamkeit zurück zum Atem, zu den Geräuschen in der Umgebung oder zu anderen physischen Stimuli, und achten Sie darauf, wie die Gedanken in den Hintergrund treten.
3. Versuchen Sie, ob Sie stille Momente zwischen Urteilen und anderen Gedanken wahrnehmen, wo einfach nur physisches, organisches Leben aus sich selbst heraus geschieht – sitzen, atmen, lauschen, fühlen und beobachten.
4. Können Sie die Qualität des Raumes, der Leichtigkeit und der offenen Weite spüren? Spüren Sie den Frieden in diesen Momenten.
5. Spüren Sie, wie leicht und natürlich es ist, einfach nur gegenwärtig zu sein.
6. Erlauben Sie, dass sonst nichts geschehen muss, dass alles an diesem Moment in Ordnung ist, vielleicht sogar ganz und vollkommen, so wie er ist, mit Ihnen darin.

7. Wenn Sie bereit sind, die Meditation zu beenden, öffnen Sie langsam die Augen und machen sanfte Dehn- und Streckbewegungen.

Diese Meditation ist ein einfacher Weg, um hier und jetzt Frieden zu finden. Je mehr Sie sich darin üben, auf den Raum zwischen den Gedanken zu achten, und je mehr Sie im Bewusstsein des Kommens und Gehens der Gedanken ruhen können, umso weiter wird der Raum, den Sie in Ihrem inneren Erleben wahrnehmen. Sie werden sehen, dass es viele Gelegenheiten gibt, ruhig und still zu sein, und werden sich im gegenwärtigen Moment auf natürliche Weise wohler fühlen.

Eine Alternative zu dieser Übung ist die Technik, sich im Geiste einen klaren, weiten, blauen Himmel vorzustellen, in dem die Wolken wie kleine Flecken oder Tupfer sind. Üben Sie, in dieser Weite der Bewusstheit zu ruhen und nicht auf die Wolken zu achten. Das wird Ihnen helfen, eine Ahnung der unermesslichen Weite und Ruhe Ihrer wahren Natur zu erlangen, ein Gefühl, das Ihnen jederzeit und überall zugänglich ist.

KAPITEL EINUNDDREISSIG

EIN WERKZEUGKOFFER FÜR DEN KRITIKER

Urteile abwehren

Um Kritik zu vermeiden, sage nichts, tue nichts, sei nichts.

ELBERT HUBBARD

Wie Sie wohl gemerkt haben, umfasst die Arbeit mit dem inneren Kritiker mehr, als nur ein Buch zu lesen oder an einem Wochenendseminar teilzunehmen. Mentale Prozesse, die sich über einen Großteil des Lebens entwickelt haben, erfordern sehr viel mehr als das. Schließlich hat sich der Kritiker in Laufe der Jahre mit unserem Denken, unserer Identität, unseren Entscheidungen und unseren Handlungen verwoben.

Um effektiv am Kritiker zu arbeiten, brauchen wir zahlreiche unterschiedliche Strategien gegen die negativen Stimmen, die eingefahrenen Ansichten und gegen die unrichtigen Vorstellungen darüber, wer wir sind.

Jeder gelernte Handwerker hat einen Koffer voller guter Werkzeuge, um seine Handwerkskunst auszuüben. Gleichermaßen brauchen wir in der Handwerkskunst des Lebens entsprechende Werkzeuge für den

Umgang mit dem inneren Kritiker. Im Folgenden finden Sie eine Liste erprobter Strategien, wie wir uns gegen die Vormacht der Selbsturteile wehren und verteidigen können. Dieses Set an Strategien nenne ich den Werkzeugkoffer für den Kritiker.

Die Werkzeuge sind bereits in den verschiedenen Kapiteln beschrieben worden. Hier finden Sie einen Überblick über einige der wichtigsten, die für die nachhaltige Befreiung von diesem Richter sorgen. Wenn Sie mit diesen Werkzeugen arbeiten und sie pflegen, werden sie Ihnen für den Rest des Lebens gute Dienste leisten.

Achtsamkeit

Achtsamkeit, die Fähigkeit, aufmerksam und bewusst zu sein, uns selbst, unsere Gedanken, Gefühle, unseren Körper, Geist und unser Herz zu kennen, ist ein unverzichtbares Werkzeug. (Achtsamkeit wurde in Kapitel 16 erläutert.) Ohne diese achtsame Bewusstheit können wir die kritischen Gedanken weder wahrnehmen, noch sind wir in der Lage, von den Urteilen Abstand zu nehmen und sie einigermaßen objektiv zu sehen.

Achtsame Bewusstheit ist nicht nur am Anfang nötig, sondern es ist eine Fähigkeit, die wir ein Leben lang in unserem Werkzeugkoffer behalten sollten. Egal, wie effektiv wir mit dem urteilenden Verstand umgehen, er hat immer das Potenzial, seinen Kopf zu heben, wenn wir überfordert und erschöpft sind, oder etwas gesagt oder getan haben, was wir bereuen. Um fähig zu sein, auf diese achtsame Bewusstheit zurückzugreifen, wenn wir sie brauchen, müssen wir sie regelmäßig jeden Tag üben und kultivieren. Das kann wie beschrieben auf formelle Art geschehen, indem wir jeden Tag ein bisschen Zeit reservieren, in der wir unser Innenleben in klarer, konzentrierter Aufmerksamkeit betrachten. Sie lässt sich aber auch formlos kultivieren, indem wir uns sammeln und achtsam und bewusst gehen, reden, arbeiten, Kunst oder Musik machen, Gymnastik oder Sport treiben – wenn wir, was immer es sei, es achtsam tun.

Allerdings unterscheidet sich das Einüben dieser Fähigkeit in der Meditation insofern, als wir hier den Fokus auf unser Innenleben, auf unsere innere Erfahrung legen – mental, emotional und körperlich – um uns intimer kennenzulernen und zu verstehen. Durch die Ausrichtung unserer Aufmerksamkeit nach innen – und zwar immer wieder, in neugieriger Haltung –, werden wir vertraut mit unserem kritischen Geist, seinen Ursprüngen und seinen körperlichen und emotionalen Auswirkungen. Je mehr wir auf die Ursachen und Wirkungen des Kritikers achten, umso eher sind wir in der Lage, seine Macht über uns zu verringern.

Urteile zählen

Um die Fähigkeit zu stärken, Urteile als solche zu erkennen, kann es helfen, sie zu zählen. Das hilft anfangs, um zu verstehen, wie viele es sind. Es macht uns auch sensibel dafür, wie unermüdlich sie nörgeln und uns unterminieren. Diese Strategie ist nützlich, um etwas Abstand zu gewinnen. Sie kann auch einen Sinn für Humor in uns wachrufen. Nach dem fünfzigsten Urteil über dieselbe Kleinigkeit, die wir verkehrt gemacht haben, wird es leichter, den Kritiker nicht mehr so ernst zu nehmen. Und wenn Sie bei vier- oder fünfhundert Urteilen pro Tag angekommen sind, wird allein schon die Menge der Urteile sie lächerlich erscheinen lassen.

Die Wirkung der Urteile erleben

Wenn Sie Ihre Selbsturteile beobachtet haben, müssen Sie auch den Schmerz fühlen, den die Attacken des Kritikers hervorrufen. Normalerweise sind wir so eng mit unserem Kritiker verbunden, dass wir ganz auf seiner Linie bleiben. Wenn wir mit unserer Aufmerksamkeit aber in unser Herz gehen, können wir spüren, wie es ist, wenn so harsch mit uns gesprochen wird; dann öffnen wir uns der Tiefe dieser Schmerzen. Es fühlt sich an, als würde unser Herz von den Beschimpfungen des Kritikers gebrochen.

Wenn wir uns darauf einlassen, können wir unseren Blickwinkel leichter vom Standpunkt des Kritikers weg verlagern und auf den schauen, der angegriffen, verletzt und klein gemacht wird. Sobald wir einmal erkennen, wie viel Schmerz uns der Kritiker die ganze Zeit bereitet, sind wir in der Lage, Selbstmitgefühl zu empfinden. Wenn unser Herz beteiligt ist, wird es zu einer mächtigen Kraft, die sich gegen weitere Selbsturteile erhebt.

Über den Schmerz der Urteile sprechen

Es kann helfen, mit seinem Kritiker (oder mit sich selbst) über den Schmerz zu sprechen, den man als Empfänger der Urteile empfindet. So, wie wir normalerweise vielleicht mit einer geliebten Person sprechen, die etwas Verletzendes zu uns gesagt hat. Dem Kritiker antwortend können wir sagen: „Autsch, das tut weh“ oder: „Es schmerzt, wenn du so mit mir sprichst.“ Obwohl es komisch klingen mag, so mit dem Kritiker umzugehen, verlagert es unsere Loyalität weg von ihm und hin zu dem Teil in uns, der sich von den Urteilen verletzt fühlt. Es ist eine sanfte, aber bestimmte Art des Neinsagens, die ihm klarmacht, dass solche Kommunikationsversuche unerwünscht und ineffektiv sind.

Die „RAIN“-Übung ist eine Übung, die mit den schmerzlichen, durch Selbsturteile verursachten Emotionen umgeht. Die vier Buchstaben stehen im Englischen für den Prozess von *Wahrnehmen* (R – *Recognizing), Erlauben* (A – *Allowing)*, Erforschen (I – *Inquiring) und Nichtidentifizieren* (N – *Not identifying)* mit jedweden Gefühlen, die aufkommen mögen. Die Übung hilft Ihnen, Ihre Emotionen zu halten, um sie vollständig zu erforschen und um gelassener zu werden.

Der erste Schritt besteht im *Wahrnehmen* (R). Das heißt einfach, die Emotionen anzuerkennen, wenn sie vom Kritiker ausgelöst werden. Sie können das tun, indem Sie sie benennen, um sich klar zu werden, was da eigentlich vorhanden ist, etwa indem Sie sagen „Traurigkeit“ oder „Verzweiflung“.

Der nächste Schritt ist das (A) *Erlauben*, das Akzeptieren der vorhandenen Emotion, so wie sie ist. Mit dieser Haltung heißen Sie die Emotion willkommen, nehmen sie an, lassen sie einfach da sein, ohne sie zu beurteilen oder abzuwehren.

Der dritte Schritt besteht im (I) *Erforschen* der emotionalen Erfahrung. Damit ist nicht gemeint, über sie nachzudenken oder sie zu analysieren, sondern einfach die Aufmerksamkeit darauf zu richten, um sie sich bewusst zu machen, mit einer Haltung der Neugierde und des Interesses. Versuchen Sie beispielsweise zu spüren, wie und wo Sie die Emotion im Körper fühlen. Sie können die Aufmerksamkeit aber auch darauf lenken, was die Emotion hervorgerufen hat und was sie wieder abklingen lässt.

Der letzte Schritt ist das (N) *Nichtidentifizieren* mit der Emotion, indem Sie sie nicht persönlich nehmen. Mit dieser Haltung können Sie besser verstehen, wie alles in Übereinstimmung mit seinen Ursachen und Bedingungen kommt und geht. Die Emotion definiert nicht, wer Sie sind. Sie ist einfach ein Besucher.

Wenn Sie das einmal in Bezug auf eine bestimmte Emotion herausgefunden haben, können Sie die RAIN-Übung auf jedes weitere Gefühl anwenden, das vorhanden sein mag. Es geht nicht darum, die Emotionen loszuwerden, sondern den eigenen emotionalen Regungen größere Akzeptanz und größeres Verständnis entgegenzubringen. Sie können lernen, diese Technik in Ihren Tagesablauf einzubauen und anzuwenden, wo immer Sie sind.

Das Urteil könnte wahr sein – Ja, und?!

Ein Grund, warum wir uns gegenüber dem Kritiker nicht behaupten, besteht darin, dass wir manchmal glauben, dass seine Urteile wahr sind. Und wirklich, oft weist uns der Kritiker auf etwas hin, das tatsächlich wahr ist. Vielleicht haben Sie den Geburtstag Ihres besten Freundes vergessen. Vielleicht haben Sie vergessen, auf eine E-Mail zu antworten, oder Sie sind zu spät gekommen, als Sie die Kinder von der Schule abgeholt haben. Da wir wissen, dass es stimmt, lassen wir zu, dass der Kritiker uns Vorhaltungen macht. Und das kann Jahre so gehen, lange nachdem das auslösende Ereignis vorbei ist.

Aber die Tatsache, dass etwas wahr ist, rechtfertigt noch lange nicht, dass der Kritiker es zu seiner Munition macht, um unser Selbstwertgefühl zu torpedieren. Es ist keine Rechtfertigung dafür, dass er uns fünfzig Mal am Tag mit seinem Genörgel zusetzt. Die Logik des Kritikers ist, dass er uns nur lange genug Stress machen muss, damit wir aufhören, Fehler zu begehen, Dinge durcheinander zu bringen oder zu vergessen oder uns selbst in Schwierigkeiten zu bringen. Aber Vorwürfe motivieren uns nur sehr selten, eine Gewohnheit oder ein Handeln zu korrigieren. Sie führen lediglich dazu, dass wir uns schlecht fühlen.

Würden Sie den ganzen Tag mit einem Freund herumspazieren wollen, der Ihnen all die Dinge aufzählt, die Sie an diesem Tag und davor schon verkehrt gemacht haben? Vermutlich nicht. Sie würden sagen: „Ja, das hast du mir schon erzählt, und ich hab's verstanden. Ich habe vor, es auszubügeln und mich darum zu kümmern. Jetzt wechsele das Thema oder lass mich in Ruhe. Du brauchst mich nicht ständig wieder daran zu erinnern."

Eine ähnliche Strategie eignet sich für den Kritiker. Wir bestätigen ihn einfach und sagen dann, „Ja, ich hab' das schon beim ersten Mal gehört. Ich hab's begriffen, vielen Dank. Ich brauche es nicht noch einmal zu hören."

Kampfsportübung

Diese Strategie ist wie eine Kampfsportübung, die sich mit dem Energiefluss der Urteile bewegt und nicht dagegen ankämpft. Normalerweise versuchen wir die Einwände des Kritikers abzuwehren. Vielleicht versuchen wir uns zu rechtfertigen und rational zu begründen, warum wir gut genug sind und der Kritiker falsch liegt. Statt uns in solche sinnlosen Argumente zu verstricken, können wir auch sagen, „Danke für deinen Standpunkt." Und noch hinzufügen: „Ich sehe, du willst helfen aber nein danke, nicht nötig."

Manchmal nimmt das dem Kritiker den Wind aus den Segeln, genauso wie wenn jemand einen ordentlichen Streit sucht und wir einfach nicht darauf eingehen, sondern der Person Recht geben. Wir suchen keinen Streit mit unserem Kritiker. Wir nehmen ihn einfach zur Kenntnis, aber lassen uns nicht den Tag von ihm verderben. Wir lassen ihn durch uns hindurchfließen wie einen Wind, der durch unsere Haare weht.

Was wir ebenfalls anerkennen, ist die Tatsache, dass die Worte des Kritikers einfach sind, was sie sind – Ansichten und keine absolute Wahrheit. Es sind beschränkte Wahrnehmungen, entstanden aus einer engen Sicht auf Vergangenes. Mit diesem Verständnis werden sie uns weniger zur Last, weil wir ihnen nicht länger erlauben, sich in unserem Herzen festzusetzen.

Desinteresse

Manchmal besteht meine Erstverteidigung in Desinteresse. Beispielsweise wenn ich zur Arbeit fahre und merke, dass ich spät dran bin. Das ist ein vorhersehbares Stichwort für meinen Kritiker, um loszulegen, mir zu sagen, dass ich früher hätte losfahren müssen, effizienter mit meiner Zeit umgehen solle und so weiter und so fort. Wenn das geschieht, ist meine Reaktion meistens, „Ach, wirklich?", gemeint als „Haben wir das nicht kommen sehen?" Ich könnte auch sarkastisch sein und sagen, „Hast du sonst noch etwas dazu zu sagen?" Da ich das alles schon kenne, stört es mich nicht. Es ist einfach ein Hintergrundgeräusch, dem ich keine Aufmerksamkeit schenke. Es perlt an mir ab wie das Wasser an einer Ente.

Humor

Wenn wir das Lustige oder Verrückte an all den kritischen Urteilen sehen können, identifizieren wir uns weniger mit ihnen und sie bleiben weniger haften. Wenn wir der kritischen Stimme in uns spielerisch begegnen, werden wir sie nicht mehr so ernst nehmen. Ein Vetter des Humors ist der

Sarkasmus, der uns ebenfalls hilft, uns von den Urteilen zu entkoppeln. Beispielsweise könnten Sie auf einen kritischen Gedanken antworten mit „Ach, das ist wirklich hilfreich. Ich wünschte, ich hätte dran gedacht!"

Als ich bei einem intensiven Retreat war und mein Kritiker meine Meditationsversuche besonders vehement beanstandete, machte ich mir den Humor zunutze, um seine Attacken zu entschärfen. Ich stellte mir den Kritiker als alten englischen Richter vor, mit langer, grauer Perücke, der mit strenger Miene sagte, „Du bist ein schlechter Meditierender." Als ich die Kritik auf diese Weise sah, musste ich darüber lachen und erkannte, wie albern es ist, einer solchen Stimme zu erlauben, über meine Erfahrung zu urteilen.

Übertreibung

Urteile auf die Spitze zu treiben ist ein nützliches Gegenmittel, um der kritischen Stimme den Stachel zu nehmen. Wir blähen die Urteile bis zum Äußersten auf und sehen dann, wie verrückt sie sind. So können Sie auch verfahren, um jegliche Andeutungen des Kritikers, dass Sie wertlos seien, abzuschmettern. Ich könnte dem Kritiker beispielsweise entgegnen, „Ja, so einen schlechten Meditierenden hat die Welt noch nicht gesehen. Ich bin der lausigste Lehrer, den es gibt. Und da wir gerade dabei sind, im Kochen bin ich auch miserabel!" Wir behalten die Zügel in der Hand und nehmen die Urteile spaßig auf. Natürlich funktioniert das nur, wenn wir den Übertreibungen nicht wirklich glauben! Wenn doch, wäre diese Strategie nicht so gut für Sie.

Erforschen

Der Prozess des Erforschens, im dem wir nach der Gültigkeit der kritischen Urteile (wie in Kapitel 21 beschrieben) fragen, ist ein weiteres wertvolles Werkzeug auf dieser Reise. Wenn wir unsere Gedanken und Urteile im Lichte der Achtsamkeit betrachten, brauchen wir ein klares

Unterscheidungsvermögen, um diese meist düsteren Bereiche sorgfältig zu sondieren und zu verstehen. Insbesondere müssen wir die Herkunft und Ursachen unserer Urteile herausfinden, damit wir uns nicht damit identifizieren, sondern uns davon entkoppeln können.

Wenn wir unsere mentalen und psychischen Prozesse mit Leidenschaft erforschen, werden wir darüber hinaus fähig, sie willkommen zu heißen, mit freundlicher Aufmerksamkeit, anstatt ständig mit ihnen zu kämpfen. Das achtsame Erforschen kann uns verstehen lassen, warum wir überhaupt so streng, kritisch und abwertend mit uns selbst sind, und das hilft, die Gewohnheit abzustellen.

Ist das wahr?

Gelegentlich hilft ein kognitiver Ansatz, bei dem wir die Wahrheit der Urteile anzweifeln, wenn diese ungenau sind (das sind sie meistens). Wenn wir sehen, dass sie eigentlich so nicht stimmen, verlieren sie an Schärfe. Diese Strategie ist besonders angebracht, wenn in den Urteilen Worte wie „immer", „nie", und „sollte" vorkommen. Sie sind das Signal, dass der Kritiker seine Hand im Spiel hat. Wenn Sie also hören: „Du wirst dein Leben *nie* auf die Reihe bekommen", „Du kommst *immer* zu spät" oder „Du *solltest* deinen Kummer langsam überwunden haben", dann wissen Sie, dass der Kritiker spricht. Es ist leicht, die Stimmigkeit solcher Anschuldigungen zu entkräften. Und wenn sich etwas auf die Zukunft bezieht, können wir ganz sicher sein, dass es nicht wahr ist. Keiner von uns weiß, was die Zukunft bringt, und „immer" und „nie" lassen sich einfach nicht auf etwas anwenden, das erst noch kommen wird.

Konstruktiver Dialog

Bei dieser Technik stellen Sie sich vor, dass Sie mit jemandem zusammensitzen, mit dem sie gerade einen Konflikt haben, und Sie fragen sich: „Was ist los? Was willst du mir sagen? Was geht unter der Oberfläche dieser Urteile und Attacken vor sich? Was brauchst du, um eine Lösung zu finden? Wovor hast du Angst? Was könnte denn passieren?" Mit dieser Art von Fragen graben Sie nach den tieferliegenden, feineren Schichten der Ängste und Sorgen, die hinter den Worten des Kritikers lauern. Die Entgegnung des Kritikers mag nicht besonders aufschlussreich sein, deutet aber oft genug auf berechtigte Sorgen hin.

Was glaubst du, wer du bist?

Zusätzlich zum Anzweifeln seiner Urteile können wir auch den Kritiker an sich in Frage stellen. Sie könnten fragen, was er glaube, wer er sei, sich ein Urteil darüber zu erlauben, was Sie tun. Da könnten Sie mit Bestimmtheit sagen: „Wer bist du, dass du meine guten Absichten, mein Potenzial und meine inneren Werte in Frage stellst?" Manchmal hilft es, wenn Sie Ihre eigene Stimme finden, es kann Sie mit einem Gefühl für Ihre Stärke und persönliche Macht verbinden, die der Kritiker im Laufe der Zeit vielleicht ausgehöhlt hat.

Bestimmtheit: Jetzt reicht's!

Es gibt Momente, besonders wenn wir mit unserer Arbeit mit dem Kritiker noch am Anfang stehen, da müssen wir ihm direkt und bestimmt entgegentreten. Zu solchen Gelegenheiten begegnen wir den kritischen Attacken mit der starken Energie des „Nein". So, wie wir uns auch für jemanden einsetzen würden, einen Freund oder ein Kind, das verletzt wird. Wir schreiten mit feurigem Beschützerinstinkt ein, wie eine Bärenmutter.

Wir können sagen: „Es reicht! Hör auf mit den Attacken und zieh Leine!" Manchmal haben wir die Kraft und Energie, dieses „Nein" wirklich zu spüren und können selbstsicher sagen: „Sei still, hör auf, und belästige jemand anders." Sie dürfen gern Ihre eigenen Kraftausdrücke hinzufügen, um Ihrer Aussage Nachdruck zu verleihen! Wenn wir das tun, wehren wir uns, um uns zu schützen, nicht aus Ärger oder als Reaktion, sondern aus einem Impuls heraus, der einer gesunden Selbstliebe und einem weisen Gefühl für den eigenen Schutz entspringt. Die Psyche braucht zuweilen Leidenschaft, um diese Kraft hervorzuholen oder freizusetzen, damit sie sich gegen schädliche Angriffe auf ihr Wohlbefinden wehren und verteidigen kann.

Jede Strategie hat jedoch ihre Grenzen, weshalb wir einen umfangreichen Werkzeugkoffer brauchen. Und wir müssen achtgeben, dass wir keinen inneren Krieg entfachen. Wir machen uns den Kritiker nicht zum Feind. Wir sagen zu seinen Sticheleien einfach geradeheraus „Nein". Wenn wir die Stärke aufbringen, das zu tun, erschaffen wir einen Raum, in dem wir spüren, fühlen, sein und verarbeiten können, was in unserem Innern geschieht. Das hilft uns, der zu sein, der wir sind. Wir können atmen.

Leidenschaftliches Mitgefühl

Diese Strategie basiert auf einer Haltung leidenschaftlichen Mitgefühls. Es ist stark, geerdet und tief empfunden. Es ist die Liebe, die spricht, wenn sie sagt: „Rede nicht so mit mir. Es tut mir zu weh, es ist zu hart, die volle Wucht solcher Worte zu ertragen." Genauso würden Sie vielleicht mit jemandem sprechen, der Sie oder einen Freund verletzt oder kränkt. Wir setzen uns mit offenherziger Stärke für uns selbst ein.

Ersetzen

Bei dieser Strategie ersetzt man den urteilenden durch einen neutralen Gedanken. Die Idee dabei ist, dass Urteile nur Ansammlungen von Worten sind. Wenn wir die Worte des Kritikers durch neutrale Aussagen wie: „Der Himmel ist blau" oder: „Das Gras ist grün" ersetzen, erinnert uns das daran, dass Urteile einfach Worte sind, die nur so viel Macht über uns haben, wie wir gewillt sind, ihnen zu geben.

Liebende Güte

Liebende Güte ist die Fähigkeit, die uns von Selbstkritik auf Selbstmitgefühl (wie in Kapitel 25 beschrieben) umschalten lässt. Dadurch, dass wir uns selbst gütig und liebend begegnen, anstatt streng und zurückweisend mit uns zu sein, können wir uns ein echter Freund und Verbündeter werden, anstatt uns selbst zum Feind zu haben.

Wenn wir lernen, freundlich und gütig mit uns selbst umzugehen, sind wir besser gegen die kritischen Stacheln gerüstet, wenn sie uns von außen oder innen treffen. Anstatt uns auf die Seite der harschen Kritik zu begeben, finden wir eine gütige innere Stütze, zusammen mit der Klarheit der Unterscheidung, welche Aspekte der Urteile wohl gültig oder nützlich sein könnten und welche einfach nur Angriffe auf unser Selbstwertgefühl sind, die wir besser ignorieren beziehungsweise uns davon freimachen.

Dafür müssen wir uns als erstes mit unserem grundlegenden Gutsein verbinden. Wir erinnern uns, dass wir ein Recht auf unsere Existenz haben, das Recht, hier zu sein und unseren Platz auf dieser Erde einzunehmen. Wir erinnern uns, dass wir offen, verletzbar und liebend in diese Welt gekommen sind, und dass wir uns, während wir aufwuchsen, angestrengt haben, um dazuzugehören, angenommen und geliebt zu werden. Wir haben alles getan, was wir zum Überleben brauchten.

Als zweites müssen wir beginnen, den scharfen Worten des Kritikers mit einer Haltung zu begegnen, in der wir uns selbst liebevoll, anteilnehmend und wertschätzend zugewandt sind. Das können wir formell durch die Meditation der Liebenden Güte üben. Aber noch wichtiger ist, dass wir das überall zu jeder Zeit machen können, wenn wir uns mit Wärme und guten Wünschen uns selbst zuwenden – mit Sätzen wie: „Möge es mir gutgehen, möge ich gesund, glücklich und zufrieden sein", „Möge ich frei sein von Schmerz und Stress" oder: „Möge ich mich selbst lieben und akzeptieren, so wie ich bin".

Solche Sätze, in Aufrichtigkeit gesagt und gemeint, können – wenn wir sie in unseren Körper und unser Herz hineinlassen – im Laufe der

Zeit eine sehr heilende Wirkung haben. Sie tragen dazu bei, dass wir mit fürsorglicher und liebender Haltung auf uns selbst achten. Dadurch werden wir uns selbst ein Freund, der stets an unserer Seite bleibt und in Zeiten der Not und Bedrängnis für uns da ist.

Weisheit

Das letzte Werkzeug, die Weisheit, entsteht aus all unserer Arbeit mit dem Kritiker. Sie ist das Wissen, das sich aus der Erforschung der Ursachen und Muster unseres inneren Kritikers ergibt – was ihn aktiv werden lässt, wie wir uns in ihm verstricken, und wie sich unser Leben in Furcht vor seinem Zorn abspielt. (Herkunft und Aufgaben des Kritikers sind in Kapitel 6 beschrieben.)

Mit Weisheit können wir sehen, dass die Perspektive des Kritikers verzerrt ist. Wir verstehen, dass wir ihn auf den Plan rufen, wenn wir Murks machen, an unsere verletzlichen Schwachstellen oder in Angst geraten. Mithilfe unseres Unterscheidungsvermögens erkennen wir, dass wir nicht auf den Kritiker hören müssen und erst recht nicht glauben müssen, was er sagt. Gelegentlich finden wir ein Körnchen Wahrheit in dem, was er uns mitteilt, aber wir lassen die emotionsgeladene Schwere, die in den Worten mitschwingt, nicht an uns heran. Wir brauchen die negativen Hinweise auf unser Selbstwertgefühl und unsere Würde nicht länger zu internalisieren. Wenn wir diese Weisheit entwickeln, sehen wir den Kritiker klarer, und das fördert eine vergnügt-distanzierte Perspektive, etwa die einer Großmutter, die unbeirrt ihre Enkel hütet, ohne sich von deren Eskapaden aus der Ruhe bringen zu lassen.

Diese Weisheit erinnert uns auch an unsere ureigene Güte, denn wir sind in Ordnung, so wie wir sind, mit all unseren menschlichen Makken und Idiosynkrasien. Wir können all das mit Gleichmut aushalten. Weisheit ermöglicht es uns, in der Wahrheit zu ruhen, zu wissen, dass wir gut sind, so wie wir sind, *und* dass uns allen hier und da auch etwas Entwicklung guttun würde. Sie erinnert uns daran, dass unsere grundlegende

Natur, so wie sie ist, gut und vollkommen ist. Dieses Wissen erlaubt es uns, den Frieden zu finden, den wir so häufig suchen und vergessen, dass er die ganze Zeit hier bei uns ist.

Weiterführende Literatur

Brach, Tara. *Mit dem Herzen eines Buddha: Heilende Wege zu Selbstakzeptanz und Lebensfreude.* München: O.W. Barth 2013.

Brown, Byron. *Befreiung vom inneren Richter: Die Intelligenz der Seele erkennen.* Bielefeld: Kamphausen Verlag 2013.

Carson, Rick. *Taming Your Gremlin: A Surprisingly Simple Method for Getting Out of Your Own Way.* Rev. ed. New York: Quill, 2003.

Neff, Kristin. *Selbstmitgefühl: Wie wir uns mit unseren Schwächen versöhnen und uns selbst der beste Freund werden.* München: Kailash, 2012.

Stone, Hal und Sidra Stone. *Embracing Your Inner Critic: Turning Self-Criticism into a Creative Asset.* San Francisco: Harper-San Francisco, 1993.

DANKSAGUNG

Dieses Werk ist aus einem langjährigen Studium verschiedener Traditionen hervorgegangen. Meine erste Berührung mit der Arbeit mit dem inneren Kritiker kam durch den Diamantweg von A. H. Almaas. Ich bin seiner tiefgreifenden Erforschungsarbeit ewig dankbar, durch die er mir beibrachte, wie wir die Unterdrückung durch den Kritiker erkennen und uns entschlossen davon befreien können. Des Weiteren wurde ich durch Byron Brown beeinflusst, dessen Werk *Befreiung vom inneren Richter* über den inneren Kritiker aus Perspektive des Diamantweges wegweisend war.

Ich empfinde große Dankbarkeit für meine Meditationslehrer und Kollegen, die in der Tradition des Erkenntnisweges der *Insight Meditation* stehen. Sie haben nicht nur den Weg der Achtsamkeitslehren in den Westen geebnet, sondern mir auch gestattet, diese uralten Praktiken zu studieren. Es ist die Gabe der Achtsamkeit, die mich befähigt hat, mein eigenes Bewusstsein zu verstehen und Einsicht in die Funktionsweise des inneren Kritikers zu gewinnen. Insbesondere möchte ich meinen ersten Lehrern Joseph Goldstein, Christopher Titmuss und Jack Kornfield danken, deren Pionierarbeit und liebevolle Führung eine immense Hilfe waren, für mich wie für zahllose andere. Ich verneige mich auch vor all meinen Lehrerkollegen am Spirit Rock Meditation Center für ihre kontinuierliche Unterstützung und Kameradschaft in all den Jahren.

Liebe ist unverzichtbar, wenn es darum geht zu lernen, den negativen Kräften des urteilenden Verstandes mit Mitgefühl und Sorgfalt zu begegnen; ohne sie wäre Heilung unmöglich. Daher bin ich Sharon Salzberg sehr dankbar, deren Lehre über liebende Güte und Mitgefühl eine tiefgreifende Wirkung auf meine eigene Praxis und die Herzen und Denkweisen so vieler hatte und hat.

In diesem Sinne möchte ich auch Tara Brach für ihre Lehre zur radikalen (Selbst-) Akzeptanz danken und Kristin Neff für ihre Pionierforschung zu der lebenswichtigen Rolle, die das Selbstmitgefühl spielt. Seine Heiligkeit der Dalai Lama erwähne ich ebenfalls mit großer Ehrerbietung, denn er ist ein leuchtendes Beispiel für Mitgefühl und steht kategorisch dafür ein, dass sich selbst nicht zu mögen, nicht nur eine irrige Sichtweise, sondern obendrein ein tiefes Missverständnis dessen ist, wer wir wirklich sind.

Gute Freunde auf dem Weg sind lebenswichtig, und ich bin gesegnet mit Freunden, die mir geholfen haben, den inneren Kritiker zu verstehen und ihm mit Humor zu begegnen. Dazu zählen Randall Alifano, Martin Aylward, Kelly Boys, Eugene Cash, Howie Cohn, Vince Draddy, Sharda Rogell und Rick Smith. Hierhin gehört auch mein Dank an Sara Hurley, eine meine Lehrerinnen, die mich auf der Reise in die Präsenz unterstützt hat und deren guter Humor und Führung wesentlich für meine Entwicklung einer liebenden Beziehung zu mir selbst waren. In gleicher Weise möchte ich so vielen Freunden danken, für ihre Güte und Unterstützung in all den Jahren. Sie sind zu zahlreich, um sie alle zu aufzuzählen.

Ehrend erwähnen möchte ich meine geliebte Lori für ihre konstante Unterstützung, Geduld, Liebe und ihren unerschütterlichen Glauben an mich, besonders während des Schreibens an diesem Buch. Ich schätze zutiefst die Art, wie sie mich sieht und mir hilft, die Güte meiner eigenen Natur zu reflektieren.

Wertschätzung und Dank gelten auch meinem Verlag, New World Library, für all die Arbeit mit der Herstellung dieses Buches, besonders Jason Gardner für seine redaktionelle Unterstützung und den Glauben an meine Arbeit sowie dem Koredakteur Mark Colucci für sein feines Gespür.

Schließlich wäre diese Danksagung nicht vollständig, ohne zu erwähnen, wieviel ich in den vergangenen zwei Dekaden von meinen Schülern gelernt habe, von ihren Kämpfen mit dem urteilenden Geist und ihren Einsichten. Sie haben mich beides gelehrt, zum einen zu verstehen, welche Macht der Kritiker hat und zum anderen, wie viele Wege es gibt, auf denen Menschen echte Transformation erfahren und sich aus dem Griff des Kritikers befreien können. Ich empfinde tiefe Dankbarkeit für ihre Arbeit und ihre hart verdienten Siege. Ihnen und den zahllosen anderen, die unter dem Kritiker leiden, widme ich dieses Buch.

QUELLENNACHWEISE

Einleitung: Wie ich den inneren Kritiker entdeckte und einen Ausweg fand

1. Anne Lamott, „My Mind Is a Bad Neighbourhood I Try Not to Go into Alone“, *Salon*, 13. März 1997, www. salon.com/1997/03/13/lamott070313/.

Kapitel 2 „Du bist nicht allein“

2. Laura A. Pratt, Debra J. Brody and Quiping Gu, „Antidepressant Use in Persons Aged 12 and Over: United States, 2005–2008“; *NCHS Data Brief 76* (Oktober 2011); www. cdc.gov./nchs/data/databriefs/db76.pdf.
3. Brendan L. Smith, „Inappropriate Prescribing“, *Monitor on Psychology 43,* no. 6 (2012), www.apa.org/monitor/2012/06/prescribing.aspx.
4. Gregg Zoroya, „40.000 Suicides Annually, yet America Simply Shrugs“, *USA Today*, October 9, 2014, www.usatoday.com/story/news/nation/2014/10/09/suicide-mental-health-prevention-research/152763353/.
5. Caroline Davies, „Number of Suicides in UK Increases, with Male Rate Highest since 2001“, *Guardian*, 19. Februar, 2015, www.theguardian.com/society/2015/feb/19/number-of-suicides-uk-increases-2013-male-rate-highest-2001.

Kapitel 3 „Das Hochstapler-Syndrom“

6. Jaruwan Sakulku and James Alexander, „The Imposter Phenomenon“, *International Journal of Behavioral Science 6*, no. 1 (2011): 73–92.
7. Kristin Shorten, „High-Achivers Suffering from ‚Imposter Syndrome‘“, December 10, 2013, www.news.com.au/finance/highachievers-suffering-from-imposter-syndrome/story-e6frfmri-1226779707766.
8. Caroline Ferguson, „Imposter Syndrome“, accessed 29. Mai, 2016; http://caroliеferguson.com/imposter-syndrome/.
9. John Steinbeck, *Working Days:* The Journals of The Grapes of Wrath, 1938–1942, ed. Robert DeMott (New York: Penguin, 1990).
10. *Sheryl Sandberg:* Olivia Goldhill, „Brilliant ‚Frauds‘: Is Imposter Syndrome a Sign of Greatness?“, *Quartz*, 1. Februar, 2016, http://qz.com/606727/is-imposter-syndrome-a-sign-of-greatness/.

Kapitel 5 „Du bist nicht Deine Schuld“

11. „Brain Trivia“, Laboratory of Neuro Imaging, University of Southern California, accessed 6/8/2016, http://www.loni.usc.edu/about_loni/education/brain_trivia.php.

Kapitel 6 „Wie bin ich hierhergekommen?“

12. Sheryl Sandberg, *Lean In: Women, Work and the Will to Succeed* (New York, Knopf, 2013), 19.

Kapitel 10 „Das Mantra des „Nicht genug““

13. „Laozi“, *Wikiquote* [zitiert aus *Tao Te Ching*, Kap. 46], zuletzt geändert 23. April, 2016, https://en.wikiquote.org/wiki/Laozi.
14. Chistopher Harress, „Suicide among Bankers Appears to Be on the Rise Again as Pressures to Get Banks and Businesses Back in the Black Takes Its Toll“, *International Business Times*, 4. September 2013, www.ibtimes.com/suicide-among-bankers-appears-be-rise-again-pressures-get-banks-businesses-back-black-1402450.

Kapitel 12 „Der innere Aufsichtsrat“

15. *Francois Fénelon, The Spiritual Letters of Archbishop Fénelon: Letters to Women,* trans. H.L. Sidney Lear (London; Longmans, Greene, 1900), 29.

Kapitel 16 „Achtsamkeit“

16. Edgar Snyder & Associates, „Cell Phone Use While Driving Statistics“, accessed 29. Mai 2016, www.edgarsnyder.com/car-accident/cause-of-accident/cell-phone/cell-phone-statistics.html.

17. *National Safety Council:* Ibid.

18. Travis Bradberry, „Multitasking Damages Your Brain and Career, New Studies Suggest“, Forbes, 8. Oktober 2014, www.forbers.com/sites/travisbradberry/2014/10/08/multitasking-damages-your-brain-and-career-new-studies-suggest; Adam Gorlick, „Media Multitaskers Pay Mental Price, Stanford Study Shows“, *Stanford News*, 24. August 2009, https://news.stanford.edu/2009/08/24/multitask-rsearch-study-082409/.

19. Steve Bradt, „Wandering Mind Not a Happy Mind“, *Harvard Gazette*, 11. November, 2010, http://news.harvard.edu/gazette/story/2010/11/wandering-mind-not-a-happy-mind/.

20. Timothy D. Wilson et al., „Just Think: The Challenges of the Disengaged Mind“, *Science*, 4. Juli 2014.

Kapitel 21 „Realitätsabgleich“

21. *Byron, Katie:* www.thework.com, The Four Questions.

Kapitel 23 „Sich mit sich selbst anfreunden“

22. *Carl Jung*: Carl Gustav Jung, *Gesammelte Werke 1–20*, Patmos Verlag, 2011. *Collected Works of C.G.Jung*, vol. 13, *Alchemical Studies*, ed. and trans. Gerhard Adler and R.F.C.Hull. (New York: Princeton University Press, 1967) para 335, pp. 265–266.

23. Rumi, *Das Gasthaus*, in: „Die Musik, die wir sind“ (Arbor Verlag, Freiamt, 2009), 33. (orig. Dies, *This being human is a guest house*: Jalal al-Din Rumi, „The Guest House“ in *Essential Rumi*, trans. Coleman Barks. San Francisco HarperOne, 2004, 109.)

Kapitel 29 „Wer bist du?“

24. Rick Hanson, „See the Good in Others“, 17. November 2011, http://www.rickhanson.net/see-the-good-in-others/.

Kapitel 30 „Innerer Frieden“

25. Jack Kornfield, „Nach der Erleuchtung Wäsche waschen und Kartoffeln schälen: Wie spirituelle Erfahrung das Leben verändert“, Goldmann Verlag, 2010 (orig. Dies., *After the Ecstasy, the Laundry: How the Heart Grows Wise on the Spiritual Path* (New York, Bantam, 2000), 35.

ÜBER DEN AUTOR

Seit drei Jahrzehnten beschäftigt sich Mark Coleman mit der Praxis der Achtsamkeit und buddhistischer Meditation und gibt seit 1997 Seminare und Meditationsretreats auf fünf Kontinenten. Mark ist leitender Meditationslehrer im Spirit Rock Meditationszentrum in Marin County in Kalifornien.

Mark hat das Mindfulness Institute gegründet, um den 500 *Fortune* Unternehmen und gemeinnützigen Organisationen in Nordamerika und Europa Achtsamkeit nahezubringen. Er hat eine Ausbildung als Therapeut, einen Doktortitel (MA) in klinischer Psychologie und arbeitet daneben als Berater, Trainer und Betreuer. Mark ist Kodirektor im *Mindfulness Training Institute*, an dem er in den Vereinigten Staaten und in England Kurse für Achtsamkeitslehrer leitet.

Mark ist der Autor von *Die Weisheit der Wildnis (Arbor Verlag, Freiburg, 2013)* (orig. Dies., *Awake in the Wild: Mindfulness in Nature as a Path of Self-Discovery).* Als unerschrockener Naturliebhaber leitet Mark mit seiner Organisation *Awake in the Wild* Meditationsretreats in der Wildnis von Alaska bis Peru. Daneben ist er auch Naturdichter und hat unter dem Titel *Poetry from the Wild* eine CD mit Gedichten produziert.

Außerdem ist Mark als Cheftrainer für das *Search Inside Yourself Leadership Institute* tätig, einer von Google aufgebauten Organisation, die weltweit Programme für Führungskräfte und Ausbilder für Achtsamkeit und Emotionale Intelligenz anbietet. Er war Mitentwickler des Kurses „*Compassion, Presence and Resilienz-Training: CPR-T*" für praktizierende Mediziner. Mark ist führender Kommentator bei *whil.com*, einer Online-Meditationsplattform.

Mark Coleman lebt in Marin County in Kalifornien und verbringt seine freie Zeit mit Wandern, Radfahren, Kayakfahren und dem Erforschen der großartigen Natur.

www.markcoleman.org

www.mindfulnessintheworld.com

WEITERE LITERATUR AUS DEM ARBOR VERLAG

Mark Coleman

Die Weisheit der Wildnis

Selbsterkenntnis durch Achtsamkeit in der Natur

Unser Menschsein ist untrennbar mit der Natur verwoben. Sie zu hören, zu spüren und zu fühlen kann uns aufwecken und verwandeln. Ein starker Baum, aquamarinfarbenes Wasser, der weite blaue Himmel, Sonnenstrahlen auf unserer Haut, die frische Kühle einer taubedeckten Wiese ... etwas von all dem ist immer da.

Als erfahrener Outdoor-Coach und Meditationslehrer verbindet Mark Coleman buddhistische Techniken und die Kunst der Achtsamkeit mit der jahrtausendelangen Tradition des Erwachens in der Natur. Er zeigt uns nachhaltige Wege, wie wir der postmodernen hektischen Gesellschaft entkommen können, um unseren Körper zu stärken, unseren Geist zu beruhigen und unser Herz zu öffnen.

„In schlichter und zurückhaltender Klarheit zeigt uns Mark Coleman den Weg zurück zu unseren Sinnen. Mit so einem Coach kehrt die Frische des Geistes zurück und wir entdecken ein kostbares Juwel: das lebensverändernde Geschenk reinen Gewahrseins."

JOANNA MACY

ISBN 978-3-86781-075-3

Christopher Germer

Der achtsame Weg zum Selbstmitgefühl

Wie man sich von destruktiven Gedanken und Gefühlen befreit

Das Leben ist hart, vieles kann enorm schieflaufen.

Oft schämen wir uns dann und werden selbstkritisch. Wir fragen uns: „Warum schaffe ich es nicht?“ oder „Warum ich?“. Vielleicht setzen wir auch alles daran, uns selbst wieder „in Ordnung zu bringen“, und machen damit alles nur noch schlimmer. Doch wir können lernen, mit Kummer und Leid auf eine andere, gesündere Art und Weise umzugehen. Anstatt schwierigen Gefühlen mit erbittertem Widerstand zu begegnen, können wir unseren Schmerz anschauen, beobachten und mit Freundlichkeit und Verständnis darauf reagieren. Das ist Selbstmitgefühl: Wenn wir uns so mitfühlend um uns selbst kümmern, wie wir es bei einem geliebten Menschen tun würden.

Bereits ein Augenblick, in dem wir mitfühlend und liebevoll mit uns selbst umgehen, kann unseren Tag verändern, und viele solcher Momente können unserem Leben eine ganz neue Richtung geben. Die Befreiung aus der Falle destruktiver Gedanken und Gefühle durch Selbstmitgefühl kann unsere Selbstachtung von innen heraus stärken und sogar Depressionen und Ängste vertreiben.

Erfahren Sie, wie Sie sich dieses Mitgefühl und diese Liebe entgegenbringen können, wenn Sie sie am dringendsten brauchen: Wenn Sie vor Scham fast vergehen, wenn Sie vor Wut oder Angst die Fäuste ballen oder sich zu verletzlich fühlen, um ein weiteres Familientreffen zu überstehen.

„In diesem wichtigen Buch erhellt Christopher Germer die unendliche Vielzahl von Synergien, die zwischen Achtsamkeit und Mitgefühl bestehen. Er zeigt effektive Wege auf, wie wir auf geschickte Weise sicherstellen können, dass wir uns selbst einladen, im liebevollen Herzen des Gewahrseins selbst zu verweilen.“

JON KABAT-ZINN

ISBN 978-3-86781-145-3

Kristin Neff

Selbstmitgefühl – Schritt für Schritt

Selbstmitgefühl ebnet psychischer und körperlicher Gesundheit den Weg – und es ist erlernbar. Dieses Buch stellt uns die Wirkung von Selbstmitgefühl vor und bietet praktische Anleitungen für die Entwicklung eines dauerhaften und unerschütterlichen Empfindens unseres menschlichen Selbstwerts.

Selbstmitgefühl ist ein wichtiger Erfolgsfaktor – ganz gleich, ob es um Stressreduktion, die Entwicklung gesunder Gewohnheiten, die Freisetzung unserer Kreativität oder auch den Umgang mit schweren und schwersten Krankheiten geht.

Selbstmitgefühl – Schritt für Schritt präsentiert das von Kristin Neff und Christopher Germer entwickelte Programm – wissenschaftlich fundiert, bewährt und erfolgreich. Leicht verständliche und wirkungsvolle Übungen bieten uns einen praktischen Ansatzpunkt, um in unserem Leben mehr Glück, Erfüllung und Liebe zu erfahren.

Buch und 4 CDs
ISBN 978-3-86781-117-0

Rick Hanson mit Richard Mendius

Das Gehirn eines Buddha

Die angewandte Neurowissenschaft von Glück, Liebe und Weisheit

Das Gehirn eines Buddha weist uns wirksame Wege, wie wir Liebe, Weisheit und wahres Glück in unserem Leben erfahren können, und erklärt uns auch physiologisch, wie und warum das funktioniert.

Der Strom unserer Gedanken formt unser Gehirn und vermag uns so, neue Möglichkeiten, Handlungsräume und Gefühlswelten zu eröffnen – oder auch zu verschließen. Demgemäß lautet die grundlegende Botschaft aktueller neurobiologischer Forschung: „Indem du dein Gehirn verändern kannst, kannst du dein Leben ändern."

Gestützt auf jüngste Forschungsergebnisse zeigt uns *Das Gehirn eines Buddha* auf, wie wir unser Gehirn stimulieren und stärken können, um zu erfüllenderen Beziehungen und zu einem stärkeren Gefühl von innerem Vertrauen und Wert zu finden.

ISBN 978-3-86781-025-8

Ethan Nichtern

In dir selbst zu Hause sein

Buddhas Lehre für die heutige Zeit

Fühlen Sie sich in sich selbst zu Hause? Jetzt, in diesem Moment? Oder spüren Sie eine vage Unruhe oder Unsicherheit, ein unterschwelliges Unbehagen?

In diesem Buch erforscht Ethan Nichtern die Reise, die jeder von uns unternehmen muss, um den eigenen Platz im Leben zu finden. Er beschreibt die existentielle Situation, die zur Suche führt, und bezieht dabei in erfrischend unorthodoxer und verständlicher Weise aktuelle Forschungen über Meditation und Achtsamkeit sowie seine langjährige Erfahrung als Meditationslehrer und Meditierender mit ein.

Nichtern legt dar, wie sich unsere individuelle Suche nach einem bewussten Leben niederschlägt in Beziehungen, Gemeinschaften und der Gesellschaft insgesamt. Er erklärt genau, wie wir unser Gefühl der Verbundenheit mit anderen stärken und gleichzeitig unsere individuellen und kollektiven Verhaltensmuster von Gier, Apathie und Desinteresse zum Besseren verändern können – indem wir unsere Aufmerksamkeit bewusst auf das richten, was in uns und außerhalb von uns geschieht.

In dieser klugen und geistreichen Einladung zur buddhistischen Meditation zeigt uns Nichtern, dass wir bei uns selbst anfangen müssen, wenn wir eine wirklich mitfühlende und erleuchtete Gesellschaft schaffen wollen. Und das heißt, dass wir mit unserem Geist arbeiten müssen – egal, in welchem Zustand wir ihn auch immer vorfinden.

„Ethan ist die Zukunft des Buddhismus.“
SHARON SALZBERG

ISBN 978-3-86781-143-9

Online

Umfangreiche Informationen zu unseren Themen, ausführliche Leseproben aller unserer Bücher, einen versandkostenfreien Bestellservice und unseren kostenlosen Newsletter. All das und mehr finden Sie auf unserer Website.

www.arbor-verlag.de

Mehr von Mark Coleman

www.arbor-verlag.de/mark-coleman

Seminare

Die gemeinnützige *Arbor-Seminare gGmbH* organisiert regelmäßig Seminare und Weiterbildungen mit führenden Vertretern achtsamkeitsbasierter Verfahren.
Nähere Informationen finden Sie unter:

www.arbor-seminare.de